Britta Nonnast

Michi, Papa und ein Haus voller Träume

Britta Nonnast

Michi, Papa und ein Haus voller Träume

Vorlesegeschichten

Mit Bildern von Heike Herold

BELTZ
& Gelberg

Britta Nonnast, 1970 in Mannheim geboren, ist Volkswirtin und hat jahrelang als Wirtschaftsredakteurin gearbeitet. Schon lange merkte die freie Journalistin, dass ihr Bücher, Lesen und schöne Geschichten viel mehr sagen als Zahlen und Börsencharts. Mit *Michi, Papa und ein Haus voller Träume* legt sie nun ihr erstes Kinderbuch vor. Britta Nonnast lebt mit ihrer Familie in Potsdam.

Heike Herold, 1974 in Münster geboren, studierte an der dortigen Fachhochschule mit dem Schwerpunkt Illustration. Sie lebt heute als freiberufliche Grafikerin und Illustratorin in Köln und hat bereits zahlreiche Bücher für Kinder und Erwachsene gestaltet.

www.beltz.de
© 2011 Beltz & Gelberg
in der Verlagsgruppe Beltz · Weinheim Basel
Alle Rechte vorbehalten
Neue Rechtschreibung
Text: Britta Nonnast
vermittelt durch die Agentur »druckfertig«, Julia Balogh
Lektorat: Stefanie Schweizer
Einbandgestaltung und Illustrationen: Heike Herold
Layout und Satz: Julia Rissler
Druck: Beltz Druckpartner, Hemsbach
Bindung: Druckhaus »Thomas Müntzer«, Bad Langensalza
Printed in Germany
ISBN: 978-3-407-79981-4
1 2 3 4 5 15 14 13 12 11

Inhalt

Michi, Papa und das Casa Rosa

»Wir sind Glückspilze!«, jubelte Papa. Er holte Michi vom Kindergarten ab und war bester Laune. Den ganzen Weg nach Hause pfiff er. Kaum fiel die Tür hinter ihnen ins Schloss, stemmte Papa Michi in die Höhe und fragte: »Weißt du, was wir sind?«

»Papa und Michi?«, sagte Michi.

»Ja. Das stimmt. Wir sind Papa und Michi. Vater und Sohn. Und was sind wir noch?«

»Groß und klein?«

»Jawohl! Das sind wir auch!« Papa strahlte übers ganze Gesicht. »Und was sind wir noch?«

»Du bist schon ganz alt und ich bin fünf.«

»Alt? Ich bin doch erst 42! Was sind wir außerdem?« Papa blickte Michi erwartungsvoll an.

»Weiß nicht…« Michi zuckte mit den Schultern. Die Raterei begann ihn zu langweilen.

»Wir sind zwei Glückspilze!«, rief Papa und drehte sich samt Michi auf dem Arm im Kreis.

»Und warum?«, fragte Michi.

»Weil Tante Röschen uns ihr Haus vererbt hat. Darum.«

»Wer ist Tante Röschen und was ist vererben?«

Michi lief Papa in die Küche nach. Der packte ihn unter den

Armen, hob ihn hoch und setzte ihn auf die Arbeitsplatte. »Tante Röschen ist Opa Ernsts Schwester.«

»Ich kenne keine Tante Röschen und Opa Ernst kenne ich auch nicht«, sagte Michi.

»Leider wirst du sie auch nicht mehr kennenlernen.« Papa zog die Augenbrauen zusammen. »Tante Röschen war sehr, sehr alt und wohnt jetzt im Himmel auf einer rosa Wolke.«

»Tante Röschen ist tot?«

»Ja, Tante Röschen ist leider gestorben.« Papa atmete ganz langsam aus. »Aber Tante Röschen hat uns ein Geschenk gemacht, bevor sie auf ihre Wolke geklettert ist.«

»Ein Geschenk?«

»Ja, ein ziemlich großes, fantastisches, einfach wunderbares Geschenk.«

»Und was für eins?«, fragte Michi mit großen Augen.

»Tante Röschen hat uns ihr Haus geschenkt!« Papa strahlte. »Was sagst du nun?«

»Sie hat uns ein ganzes Haus geschenkt?«

»Nicht nur ein ganzes Haus, sondern ein Haus mit Blick auf den Fluss, mit Garten, Keller, Obst- und Gemüseladen und einer großen Wohnung für uns und noch einer Wohnung für mein Büro.« Papa legte die Handflächen aufeinander und blickte zur Decke: »Danke, Tante Röschen, dass du an uns gedacht hast!«

»Tante Röschen ist lieb, dass sie uns so was Großes schenkt«, bemerkte Michi. »Aber was sollen wir mit dem Haus?«

»Wir machen es schön und ziehen dann ein.«

Michi zeigte um sich. »Aber wir wohnen doch schon hier.«

»Das Haus von Tante Röschen ist aber viel schöner und hat

einen Garten zum Spielen und einen Balkon zum Sonnen und – «, Papa machte eine bedeutungsvolle Pause, »es gehört uns! Dir und mir!«

Papa holte ein Stück Papier und einen schwarzen Stift aus der Schublade. Über die Küchenplatte gebeugt, zeichnete er los: »Hier ist die Straße, hier steht das Haus, dahinter liegt der kleine Garten und dort fließt der Fluss. Und da bauen wir ein Klettergerüst auf.« Papa kritzelte begeistert mit großen Strichen auf dem Papier herum. »Hier oben scheint immer die Sonne.« In die linke obere Ecke des Blattes malte er eine runde, lachende Sonne. »Und hier bringe ich das Schild an: Frank Pracht, Freier Architekt.«

Michi war aufgestanden. Nun überragte sein dichter, dunkler Schopf Papa fast um eine Kopflänge. »Da muss draufstehen: Frank Pracht, Freier Architekt, und Michael Pracht, Baumeister.«

»So ist es! Zur Feier des Tages darfst du aus unserem Küchenschrank die Chips holen.«

Das ließ sich Michi nicht entgehen. Chips gibt es nur an hohen Feiertagen, sagte Papa immer. Heute war offenbar so einer.

Michi angelte die Chips aus dem Schrank, riss die Tüte auf und begann, genüsslich zu knuspern. »Wann gucken wir uns das Haus an?«, fragte er mit vollem Mund.

»Morgen«, sagte Papa gedankenverloren und nahm noch einmal den Stift zur Hand. Mit großzügigen Strichen markierte er ein Rechteck. »Hier bauen wir eine große Holzterrasse hin mit einem Zugang zum Garten.«

»Und hier kommt eine Hängematte hin!«, jubelte Michi.

Am nächsten Morgen fuhren sie los. Die Sonne schien warm und hell durch die Autoscheiben. Michi schaute vergnügt aus dem Fenster. Es war spannend, sich auf den Weg zu einem geschenkten Haus zu machen.

Papa fuhr und fuhr. Dann bog er auf die Autobahn. Michi wurde plötzlich klar, dass das Haus weit weg sein musste. Wenn Papa auf der Autobahn fuhr, durfte er schnell fahren, und wenn Papa schnell fahren wollte, war der Weg lang.

»Wann sind wir da?«, fragte Michi.

»In zwanzig Minuten«, sagte Papa.

»Wie lange sind zwanzig Minuten?«

Papa überlegte. »Unser Mittagessen dauert meistens zwanzig

Minuten, oder wenn wir in den Supermarkt einkaufen gehen, dauert es auch ungefähr so lange.«

»Oder wenn du duschst?«, zählte Michi weiter auf.

»Nein. Das dauert höchstens fünf Minuten.«

»Dauert der Weg zum Kindergarten so lange?«

Papa überlegte: »Wenn wir mit dem Fahrrad zum Kindergarten fahren und wieder zurück, dann sind ungefähr zwanzig Minuten um. Oder wenn wir vier Mal Mau-Mau spielen.«

»Dann ist es ja nicht weit«, sagte Michi und beobachtete die riesigen Laster, die sie überholten, und die hohen Nadelbäume, an denen sie vorbeiflitzten.

»Eigentlich müssen wir nur noch über den Fluss, dann sind wir da«, erklärte Papa.

Michi reckte den Hals, um den Fluss zu sehen, und Papa pfiff ein Lied. Bei der nächsten Ausfahrt blinkte er und fuhr von der Autobahn ab. Schon bald tauchten die ersten Wohnhäuser auf.

Michi war noch nie hier gewesen. Er kannte die Straßen nicht, die Häuser und die Bäume nicht, er kannte überhaupt gar nichts.

Das ist ja gar nicht unsere Stadt!«, bemerkte Michi empört.

»Das hier ist unsere neue Stadt«, erklärte Papa.

»Aber hier kennen wir ja niemanden.« Michi war plötzlich ganz aufgeregt. »Wie komme ich dann in meinen Kindergarten? Ich kann doch nicht mit dem Fahrrad über die Autobahn fahren!« Michis Stimme war lauter geworden.

»In einem Jahr kommst du ohnehin in die Schule. Und solange du noch in den Kindergarten gehst, fahren wir jeden Morgen und jeden Nachmittag mit dem Auto hin und her.«

Papa parkte, zog den Zündschlüssel ab und drehte sich zu Michi um. »Keine Sorge, Michi.«

Sie stiegen aus und Papa atmete tief durch die Nase ein: »Riechst du den Frühling? Riechst du die Sonne? Der Winter ist endgültig vorbei.« Dann zeigte er auf ein rosa Haus. »Das ist es.«

»Das ist aber klein«, sagte Michi.

»Das ist genau richtig«, korrigierte Papa. »Es sieht nur klein aus, weil die beiden Nachbarhäuser so groß sind.« Und wirklich, die Häuser links und rechts waren fast doppelt so hoch und nahmen das rosa Häuschen wie ein kleines Kind in ihre Mitte. »Dafür haben wir einen Obst- und Gemüseladen im Haus.«

Ein buntes Schild mit lachenden Kirschen, Äpfeln und Bananen prangte über einer großen Schaufensterscheibe. Dahinter konnte Michi Obstkisten erkennen und ein Kühlregal.

»Komm.« Papa nahm Michi bei der Hand. Sie liefen über die Straße und stiegen die drei Stufen zum Laden hoch.

Es machte »palim, palim«, als Papa die Tür öffnete. Der Laden war menschenleer. Dafür waren Karotten, Salatköpfe, Gurken und jedes erdenkliche Obst säuberlich in Holzkisten gestapelt. Auf der Ladentheke stand ein großes Einmachglas mit bunten, kleinen Kugeln darin. Vielleicht waren es Bonbons, vielleicht Kaugummis. Hinter der Theke waren auf einem hölzernen Wandregal Weinflasche um Weinflasche sorgsam nebeneinander aufgereiht.

»Ich komme, Señora«, hörte Michi eine heisere Männerstimme rufen. Ein bunter Perlenvorhang klimperte und ein kleiner, älterer Mann erschien im Türbogen. »Oh«, rief er und hob beide Arme zu einem Willkommensgruß. »No Señora, dos Señores!«

Der sieht aus wie ein Pirat, dachte Michi. Der Haarkranz um die Glatze des Mannes war grau, sein Schnurrbart war ebenso grau. Allein die dichten Brauen über den dunklen Augen waren noch schwarz. Der Mann ging Papa nur bis zur Schulter und trug eine weiße Küchenschürze über seinem langärmeligen T-Shirt mit den Knöpfen. Die standen offen und ließen den Blick frei auf die Brustbehaarung. Auch grau. Unter der Schürze kamen zwei krumme Beine in einer dunkelgrau gemusterten Wollstoffhose zum Vorschein. Wie der Pirat aus meinem Buch ..., dachte Michi zum zweiten Mal.

»Was kann ich für euch tun?«, fragte der Mann und lachte Michi an.

Papa streckte seine Hand aus. »Darf ich mich vorstellen: Ich bin Frank Pracht. Wir haben telefoniert.«

»Oh, Señor Pracht!«, rief der Mann freudig. »Ich bin also Emiliano Rodriguez. Willkommen im Casa Rosa!« Herr Rodriguez beugte sich zu Michi runter: »Und wer ist dieser Señor?«

»Michi«, gab Michi leise zurück.

»Hola, Michael! Ich bin Emiliano. Bitte, Señores, nennt mich einfach Emiliano.« Er packte Michis Hand und schüttelte sie kräftig. »Was für schöne blaue Augen! Das ist aber nicht vom Papa.«

»Die hat er von seiner Mutter«, erklärte Papa.

»Und wo ist Mama?« Emiliano suchte den Raum mit den Augen nach einer weiteren Person ab und sah dann Michi fragend an.

»Wir leben zu zweit«, antwortete Papa. »Michis Mutter wohnt in Australien.«

»Sie ist eine Künstlerin«, fügte Michi nickend hinzu.

»Mundo, mundo, diese Welt, diese Welt …«, murmelte Emiliano kopfschüttelnd.

»War das Türkisch?«, fragte Michi.

»No. Das war Spanisch. Deshalb kann ich auch nicht A, U und O mit Punktchen darauf sprechen. Das konnen wir nicht.« Emiliano lachte und strich Michi über den Kopf. »Vale, na gut. Dann sind wir hier eben tres hombres. Umso besser.«

Emiliano machte eine Pause und hob wieder die Arme. »Endlich kommt wieder Leben ins Casa Rosa! Venga, auf, auf. Ich zeige euch alles. Ich muss nur noch die Ture zusperren.« Er zog einen dicken Schlüsselbund aus seiner Hosentasche und verschloss die Ladentür. Dann drehte er das kleine Türschild um: *Geschlossen*. Mit seiner breiten Schaufelhand winkte er Papa zu, mit der anderen schob er Michi durch den Perlenvorhang.

Emiliano zeigte den beiden das ganze Haus. Seine kleine Wohnung mit den zwei Zimmern, die direkt hinter dem Ladengeschäft lag. Die gegenüberliegende Wohnung, in der vor kurzem noch ein Student gewohnt hatte und in die nun Papas Büro einziehen würde. Den Keller, der zwar gut gefegt, aber doch düster war und muffig roch. Und er schloss mit einem großen, besonders langen Schüssel die obere Wohnung auf. Hier sollten Michi und Papa einziehen.

Vier große Zimmer mit hohen Wänden und eine riesige Küche gab es da. Von dort aus ging es auf einen Balkon. Papa öffnete die Balkontür und trat nach draußen. Hier konnte man den Fluss sehen. »Ist das schön!«, rief Papa mit Blick auf das glitzernde Wasser.

»Zwei Obstbäume habt ihr auch. Da, eine Kirsche und da, eine Pflaume.« Emiliano zeigte vom Balkon aus nach unten in den Garten. »Und da ist mein Boot. Manchmal gehe ich ein wenig angeln. Konnt ihr dann auch.« Er zwinkerte Michi zu.

Wie der Pirat aus meinem Buch, dachte Michi zum dritten Mal. »Der ist aber breit, der Fluss«, bemerkte er dann. »Die Menschen auf der anderen Seite sind klitzeklein.«

»Jo, funfzig Meter ist der Fluss hier schon breit.«

»Sehr schön«, nickte Papa. »Und es wird noch schöner werden, wenn wir erst mal den Balkon vergrößert und das Gärtchen umgegraben haben.« Papa klopfte Michi auf die Schulter: »Wir haben noch viel zu tun.«

»Ich helfe gerne, wenn ich kann«, sagte Emiliano und stemmte seine Schaufelhände in die Hüften.

»Ich will auch helfen!«, sagte Michi bestimmt.

»Na, klar wirst du helfen.« Papa hob Michi hoch. »Ich kann jede starke Hand und jeden klugen Kopf brauchen.«

Emiliano lachte laut. »Damit eure Kopfe auch schon kuhl bleiben, gibt es jetzt erst einmal ein Eis aus meiner Kuhltruhe.« Er lief Richtung Ausgangstür und winkte Michi zu. »Vamos, du darfst dir ein Eis aussuchen.«

»Papa, darf ich?«

»Du darfst – aber nur wenn ich auch darf«, grinste Papa.

Während Michi genüsslich sein Eis schleckte, redeten und redeten die beiden Männer ohne Punkt und Komma. Sie schmiedeten Pläne für die Renovierung vom Casa Rosa.

»Am besten finde ich die Truhe mit dem Eis«, sagte Michi am Abend, als er, wieder zurück in seiner alten Wohnung, im Bett lag.

Papa nickte lachend: »Aber der Garten, der Fluss, der Ausblick und unsere Wohnung sind auch nicht schlecht.«

Diesmal nickte Michi. »Kann ich mir da jeden Tag ein Eis aussuchen, wenn wir im Rosa-Haus wohnen?«

»Dann wirst du sooo dick.« Papa zeigte mit den Händen weit weg von seinem Bauch. »Und so blass.« Papa griff sich ins Gesicht und machte hohle Wangen, dass er richtig elend aussah. Dann wurde er wieder ernst: »Emiliano kann doch nicht jeden Tag sein Eis verschenken. Dann verdient er ja gar nichts! Und außerdem verträgt dein kleiner Bauch nicht jeden Tag ein Eis.«

»Aber manchmal?«

»Ab und zu können wir bei Emiliano einfach ein Eis kaufen«, schlug Papa vor.

»Kannst du Samu dann auch eins kaufen, wenn er mich besucht?« Samu hieß eigentlich Samuel und war Michis bester Freund. Er wohnte nur drei Häuser von Michi entfernt.

»Klar«, sagte Papa, »Samu kann auch ein Eis haben, wenn er dich besucht.«

»Können wir gleich morgen mit Samu zum Rosa-Haus fahren?«

Papa überlegte: »Morgen könnt ihr beiden hier in der Wohnung spielen, und das nächste Mal, wenn Samu kommt, fahren wir zum Casa Rosa, versprochen!«

Michi nickte. Jetzt erst merkte er, wie müde er war. Ich will schnell einschlafen, damit es schnell wieder Morgen ist, dachte er. Dann würde er Samu im Kindergarten treffen und ihm vom Rosa-Haus erzählen.

Michi kuschelte sich ins Kissen und winkte Papa mit einer Hand zu. Das war das Zeichen. Papa konnte gehen, gleich würden Michi die Augen zufallen.

Michi, Papa und der Samu-Tag

Der nächste Tag war ein Montag – also Samu-Tag. Jeden Montag nach dem Kindergarten kam Samu mit zu Michi. Papa holte die beiden ab und dann fuhren sie gemeinsam mit dem Fahrrad nach Hause.

Heute plapperte Michi ununterbrochen vom Rosa-Haus. »Du, Samu, da wohnt ein alter Pirat. Der hat eine riesengroße Eistruhe. Da sind bestimmt tausend verschiedene Eissorten drin.«

Samu wurde neugierig: »Können wir da mal hin?«

»Au ja! Papa, ich will Samu alles zeigen!« Michi sah Papa aus großen Kulleraugen an.

»Vor allem die Eistruhe von Emiliano, stimmt's?« Papa musste grinsen.

Kurz darauf saßen Michi und Samu im Auto. Samu blickte aufmerksam aus dem Fenster. Als sie über die Brücke fuhren, fragte er: »Wie komme ich über den Fluss, wenn ich Michi besuchen will?«

Papa räusperte sich. »Ganz einfach. Mama und Papa bringen dich oder wir holen dich ab.«

»Kann ich dann nicht mehr alleine zu Samu laufen?«, mischte sich Michi ein.

»Na ja ... der Weg ist jetzt weiter. Und der Fluss ist dazwischen«, murmelte Papa.

Michi legte die Stirn in Falten: »Dann schwimm ich eben!«

»Genau, wir können schwimmen!« Samu klopfte Michi verschwörerisch auf den Arm.

Papa schüttelte den Kopf: »Zum Schwimmen ist der Fluss zu breit und die Strömung zu stark.«

»Aber wir haben doch schon das Schwimmabzeichen!« Michi reckte das Kinn in die Höhe. Er konnte sich gut über Wasser halten.

»Ein Fluss ist aber kein Schwimmbad«, beharrte Papa.

Sorgenvoll nickte Samu: »Da gibt es wilde Tiere drin.«

»Auch Krokodile?«, fragte Michi.

Aber Papas Gedanken waren schon wieder bei der dicht befahrenen Straße. »Hmmm«, war alles, was er noch von sich gab.

Später, als Michi und Samu bei Emiliano im Laden hockten und Eis schleckten, war der Fluss vergessen.

»Der sieht echt aus wie ein Pirat«, flüsterte Samu in Michis Ohr. Michi nickte bedeutungsvoll.

Als das Eis alle war, sprang er auf: »Komm, ich zeig dir was!«

Die beiden zogen los. Sie begutachteten den knarrenden Dachboden, den Hof und die Bäume im Garten. Sie kletterten auf den alten Pflaumenbaum, hangelten sich ein Stück den dicken Ast entlang und ließen sich kreischend auf den Boden plumpsen.

»Kann ich ganz bald wieder mit zum Rosa-Haus kommen?«, fragte Samu auf dem Rückweg. »Da muss noch viel erforscht werden.«

»Sicher«, sagte Papa und freute sich. »Bald könnt ihr immer im Casa Rosa spielen.«

Nach dem Abendbrot saßen Michi und Papa auf Michis Bett und schmiedeten Pläne für ihr neues Zuhause. Michi wünschte sich ein Baumhaus und ein Planschbecken im Garten und eine Schaukel mitten im Zimmer. Oder wenigstens eine Strickleiter, die bis zur Decke ging.

Papa überlegte: »Wir bringen die Strickleiter lieber am Balkon an, dann können wir in den Garten klettern.«

»Dann kann aber auch der Pirat zu uns hoch«, bemerkte Michi.

»Welcher Pirat?«

»Na, der Emalano Rodgez.«

»Señor Emiliano Rodriguez?«, lachte Papa. »Der sieht doch nur aus wie ein Pirat. Das ist der liebste Mensch auf der ganzen Welt!«

»Ich kann ja die Strickleiter hochziehen, wenn Samu und ich oben sind…«, grübelte Michi weiter. Wenig später war er eingeschlafen.

»Papa?« Michi war mitten in der Nacht aufgewacht. In der Wohnung war es still, die Straßenlaterne leuchtete schwach durch Michis Fenster. Michi stieg aus dem Bett und tapste den Gang entlang zu Papas Zimmer.

»Papa?«

»Hmmm?«, brummte der und drehte sich auf den Bauch.

»Papa!« Michi zupfte an Papas Ohrläppchen. »Samu stand auf der anderen Seite vom Fluss und ich hab ihm gewunken und Samu hat mir gewunken. Wir wollten spielen und –«

»Hast du geträumt?«, fragte Papa träge.

»Da gibt es keine Brücke!« Michi war in Papas Bett gekrabbelt und kniete jetzt neben seinem Kopfkissen.

Endlich guckte Papa ihn an: »Natürlich gibt es eine Brücke. Wir sind doch drübergefahren.«

»Aber nicht für Kinder! Da kann man nicht drüberlaufen. Und mit dem Fahrrad fahren geht auch nicht!« Michi machte ein verzweifeltes Gesicht.

»Hör mal, Michi. Samu kann uns anrufen, wenn er mit dir spielen will. Wir holen ihn dann ab. Mit dem Auto.«

»Wirklich?«

»Ganz sicher. Ehrenwort.« Papa hatte die Augen wieder geschlossen.

»Aber, aber ...«

»Kein Aber«, murmelte Papa. »Ich hole Samu ab und jetzt wird weitergeschlafen.«

Doch Michi wollte nicht mehr zurück in sein Bett – jetzt, wo er schon mal hier war. Er kuschelte sich einfach neben Papa, der brummelig ein Stückchen zur Seite rückte. Schon bald konnte Michi Papas leises Schnarchen hören.

»Papa? Bist du wach?« Papa rührte sich nicht. »Papa, bist du wach?«, flüsterte Michi noch einmal. Papa grunzte leise und wälzte sich unter der Decke. »Ich bin ganz wach!« Michi rieb vorsichtig seine Nase an Papas Schulter. »Du nicht?«

»Wie...?«

Aha. Papa hatte gesprochen. Also war er wach, auch wenn die Augen zublieben. Michi sprudelte los: »Samu will mit mir spielen und ich will mit ihm spielen. Aber der Fluss ist dazwischen. Und schwimmen können wir nicht. Im Fluss, da ist nämlich ein Krokodil!«

Papa wischte sich über die Augen. »Ein Krokodil? Krokodile leben im Dschungel.«

»Bei uns im Fluss aber auch!« Michi wurde ungeduldig: »Was machen wir denn da?«

»Eine Brücke bauen?« Papas Mund klappte auf und zu, die Augen aber waren noch immer geschlossen.

Michi setzte sich abrupt auf. »Eine Brücke. Ja! Aber der Fluss ist breit …«

»Ich lass mir was einfallen. Morgen. Versprochen.« Damit zog Papa Michi zurück auf das Kopfkissen.

Der ließ es geschehen. Papa hatte immer gute Ideen. Beruhigt schlief Michi ein.

Am nächsten Tag fuhren Michi und Papa wieder zum Casa Rosa. Papa schaute sich die Rohre im Keller an, maß die Zimmer aus und prüfte den alten Holzboden. »Hier kommt mein Hochbett hin«, bestimmte er und schritt sein künftiges Zimmer ab.

»Ich will aber kein Hochbett haben«, sagte Michi.

»Aber ich will eins«, blieb Papa dabei.

Am Nachmittag liefen sie zum Fluss hinunter und Emiliano zeigte ihnen seinen alten Kahn. Er erklärte Michi jede Einzelheit: »Mit dem Holzhebel hier, kannst du das Boot steuern. Das Steuer nennt man Pinne.«

Michi hörte aufmerksam zu. »Wie geht das?«

»Willst du nach rechts, druckst du die Pinne nach links, willst du nach links, druckst du die Pinne nach rechts.«

»Ich verwechsle links und rechts immer«, brummte Michi.

»So? Mit welcher Hand malst du?« Michi hielt seine rechte

Hand hoch. »Na also!«, freute sich Emiliano. »Willst du dahin, wo deine Malhand ist, druckst du die Pinne in die andere Richtung, nach links. Willst du nach links, druckst du die Pinne zur Malhand.«

»Dann muss ich das Holz immer dahin schieben, wo ich nicht hinwill?«

»Genauso ist das«, nickte Emiliano anerkennend.

»Und was sind das für Ringe?«, fragte Michi.

»Das sind die Holme, da steckt man die Ruder durch.«

»Gibt es denn Ruderpaddel?«, mischte sich Papa ein.

»Mhm, ich weiß nicht, wo die sind…« Grübelnd kratzte sich Emiliano am Kopf. »Zum Angeln brauche ich die nicht.«

»Vielleicht hab ich noch Kanupaddel auf dem Speicher«, überlegte Papa laut. »Emiliano? Können wir uns deinen Kahn vielleicht mal ausborgen?«

»Si, si. Aber wenn ihr in See stechen wollt, komme ich mit. Ich bin namlich ein alter Pirat!« Emiliano lachte schallend und gab Michi einen ordentlichen Klaps. Fast hätte es Michi von den Füßen genommen.

»Siehst du, der Emalano ist doch ein Pirat«, sagte Michi am Abend zu Papa.

»Emiliano! Ja, und was für einer. Ein alter Kahn-Pirat«, grinste Papa. Papa war gerade vom Speicher gekommen und hatte zwei Holzpaddel mitgebracht. Er lehnte sie neben Michis Bett an die Wand. »Wie gut, dass ich die aufgehoben habe. Mit denen bin ich seinerzeit durch halb Schweden gepaddelt.«

»Was machen wir damit?«, fragte Michi.

Papa zwinkerte ihm zu: »Falls Samu heute Nacht wieder auf der anderen Uferseite steht und winkt, holen wir ihn einfach ab.«

»Wie soll denn das gehen?« Michi machte ein ungläubiges Gesicht.

»Wir leihen uns den Kahn vom Pirat und paddeln zu Samu rüber.«

Plötzlich war Michi Feuer und Flamme. Eifrig suchte er in sei-

ner großen Holzkiste nach dem Totenkopftuch und dem Piratenhut. Kaum hatte er beides gefunden, sprang er mit einem großen
Hops ins Bett. »Ich will sofort schlafen!«

»Das könnte ich auch«, gähnte Papa. »Aber leider hab ich noch
eine Menge zu tun.«

»Ja, du musst dir erst noch das Piratenkopftuch umbinden«,
sagte Michi und reichte es Papa. Den Hut setzte er behutsam neben sein Kissen.

Dann lagen sie nebeneinander im Bett, Papa in voller Montur,
schließlich musste er gleich noch ein bisschen arbeiten. Aber er
schloss für einen winzigen Augenblick die Lider und Michi rollte
sich gemütlich neben Papa auf die Seite.

Im Reich der Träume angelangt, stand Michi am Ufer des Flus-
ses. Es war dicht und dunkelgrün bewachsen. Kletterpflanzen
umrankten die Bäume und bildeten ein Blätterdach, fast wie
im Dschungel. Am anderen Ufer stand Samu. Durch die Entfernung sah er winzigklein aus, aber Michi konnte erkennen, dass
er mit beiden Armen winkte.

»Papa, Emiliano! Wir müssen Samu holen!«, rief Michi.

Kaum hatte er den Mund geschlossen, hörte er Emilianos
heisere Stimme hinter sich: »Hola, Michael!«

Michi drehte sich um. Emiliano hatte eine Piratenflagge in
seiner großen Schaufelhand und schwenkte sie wie wild hin
und her. Auf seinem Kopf thronte ein schwarzer Piratenhut.
»Vamos, Señor Michi, vamos, Señor Pracht«, hallte es über den
Fluss.

Papa kam mit zwei Holzpaddeln in der Hand die Uferböschung hinuntergerannt. Um seinen Kopf war das Totenkopftuch geschlungen.

Jetzt war Michi nicht mehr zu halten: »Los geht's! Alle Mann
an Bord!«

Die beiden Männer machten sich daran, den alten Holzkahn
ins Wasser zu schieben. Zuerst bewegte sich das Boot um keinen Zentimeter. Emiliano hatte seine Wollhosen hochgeschla-
gen und war bis zu den Knien ins Wasser gelaufen. Mit aller
Kraft zog er am Strick, der am Bug befestigt war.

Plötzlich machte das Boot einen Ruck nach vorn und mit einem lauten »Platsch« landete Emiliano im Wasser. Michi sah
nur noch die breiten Füße und einen blubbernden Strudel.

Dann tauchte Emiliano prustend wieder auf. Er spuckte einen
großen Schluck Wasser aus und schrie sofort wieder: »Vamos!«
Lachend kletterten sie in das schwankende Boot. »An die Rie-
men«, brüllte Emiliano, griff die Paddel und ruderte los.

»Samu, ich komme!« Michi schwenkte mit einer Hand die
Fahne, mit der anderen hielt er die Pinne fest. Aber in welche
Richtung musste er lenken? Michi dachte scharf nach. Samu
stand flussaufwärts. Also drückte Michi die Pinne in Richtung
Malhand. Es klappte!

Papa klopfte mit der flachen Hand ans Holz und rief im Takt
»Hauruck, hauruck«. Schnell glitten sie dahin.

Sie hatten bereits die Flussmitte erreicht, da ließ Emiliano die
Paddel ins Wasser sinken. »Señor Pracht, du bist dran. Puh, ich
kann nicht mehr.« Emiliano wischte sich den Schweiß von der
Stirn.

Das Boot kam zum Stillstand. Einen Moment lang blickte Michi über den Fluss.

Und sah etwas.

Es war lang wie ein Baumstamm und dunkelgrün. Michi kniff die Augen zusammen. Was konnte das sein? Da erkannte er knapp über der Wasseroberfläche zwei Augen, die ihn anstarrten. »Ein Krokodil!«, schrie Michi. »Ein Krokodil!«

»O, dios mio, mein Gott!«, flehte Emiliano und begann, wie wild mit den Ruderpaddeln zu schlagen. Wirkungslos patschten sie auf das Wasser, keinen Millimeter kam das Boot voran. Dafür schwamm das Krokodil flink auf den alten Kahn zu.

»Lasst mich an die Paddel«, rief Michi. Er tauschte mit Emiliano den Platz, wobei der Holzkahn kräftig schlingerte.

Kaum hatte Michi sein Gleichgewicht wieder, tauchte auch schon das große Krokodilmaul neben ihm auf. »Achtung! Krokodil am Boot!« Michi blickte in den aufgesperrten Rachen. Eine lange Reihe blitzweißer, spitzer Zähne funkelte ihn an.

»Na warte!« Mit Karacho ließ Michi das Holzpaddel auf den schuppigen Schädel niedersausen. »Batsch!«

Das große, grüne Ding tauchte erschrocken ab, umso wütender aber auf der anderen Seite des Bootes gleich wieder auf.

»Das hat dir wohl nicht gelangt?!« Noch einmal holte Michi weit aus. »Batsch, batsch!«

Das Krokodil fauchte und sank blubbernd unter.

»Nichts wie weg hier!«, brüllte Michi. Er steckte die Ruder wieder durch die Holme und zog sie zügig durchs Wasser. Und siehe da, das Boot legte an Geschwindigkeit zu. Michi spürte Bärenkräfte in seinen Armen. Mit jedem Ruderschlag kamen sie dem anderen Ufer ein gutes Stück näher. Samu wurde größer und größer.

Schließlich waren sie da. Mit einem ordentlichen Hops sprang Michi an Land und rannte auf Samu zu. »Geschafft«, jubelten sie. »Hurraaa!«

»Hurraaa!«

Papa zuckte zusammen. Vor Schreck riss er einen Arm nach oben und erwischte das Holzpaddel, das an der Wand lehnte. Es kippte um und landete geradewegs auf Papas Kopf.

Michi hatte sich aufgesetzt und schrie noch einmal: »Hurraaa!«

»Aua…« Papa rieb sich den Kopf und blinzelte zerknautscht. »Wa-, wa-warum hurra?«

»Wir haben Samu geholt. Du, der alte Pirat und ich!« Mit einem Satz war Michi aus dem Bett und zog den Vorhang beiseite. »Die Sonne scheint und wir müssen unser Haus schön machen!«

»Heute ist Sonntag«, brummte Papa.

»Ja, ja. Aber ich will ganz bald umziehen und deshalb müssen wir auch heute unser Haus schön machen.« Dann kicherte Michi: »Deine Anziehsachen hast du ja schon an.«

Papa zog sich die Bettdecke über den Kopf. Dabei stieß er auch noch an das zweite Paddel. »Patsch«, sauste es auf ihn hinunter. Und obwohl Papa dieses Mal von der Bettdecke geschützt war, hörte Michi einen dumpfen Seufzer.

Michi, Papa und die Barbaren

Michi und Papa hatten es geschafft. Zwölf Wochen lang hatten sie das Haus von Tante Röschen renoviert. Handwerker hatten neue Rohre verlegt, Bad und Küche gefliest, den Holzboden abgeschliffen und lackiert. Im Kinderzimmer hatte der Nachbar Emiliano zwei Wände weiß, eine hellblau und eine hellgrün gestrichen. Auch Onkel Franz, Papas bester Freund, hatte in jeder freien Minute kräftig mitangepackt. Papa hatte eine Holzterrasse gezimmert, sein Hochbett gebaut und in Michis Zimmer ein Kletterseil samt Aussichtskorb an der Decke befestigt. Hockte Michi in seinem Korb, konnte er Papa auf den Kopf spucken – was er natürlich nicht machte.

Endlich kam der Tag, an dem alles fertig war. Die Fenster in der Wohnung waren allesamt geöffnet und ein warmer Sommerwind strich durch die Zimmer.

»Geschafft«, sagte Papa.

»Geschafft«, bestätigte Michi und stemmte die Hände in die Hüften.

»Da habt ihr ganze Arbeit geleistet«, nickte Onkel Franz.

»Señores!«, rief es aus dem Hausflur. Emiliano kam die Treppe hoch. In seinem Arm hatte er vier Limonadeflaschen. »Es ist schon geworden. Herzlichen Gluckwunsch!« Er stellte die Limonaden auf den Tapeziertisch in der Küche und »plopp, plopp, plopp, plopp«, öffnete er sie mit einem zusammengeklappten Meterstab. »Salud, auf euch!« Emiliano hob seine Flasche in die Luft.

»Prost!«, rief Michi und schlug seine Limonade gegen die von Emiliano, Franz und Papa. »Echte Handwerker trinken aus der Flasche, gell?« Michi grinste.

»Barbaren auch«, lachte Onkel Franz, nahm einen tiefen Schluck und rülpste.

»He, was sind denn das für Sitten?« Papa schüttelte den Kopf.

Michi kicherte. »Was sind Barbaren?«

»Das sind wilde, zottelige, zügellose Kerle ohne Bildung und Benehmen, die laut rülpsen, den ganzen Tag Met trinken und mit den Fingern essen«, sagte Onkel Franz schmunzelnd.

»Was ist Met?«, fragte Michi.

»Das ist Honigwein«, erklärte Onkel Franz. »Die Wikinger und die Barbaren liebten Met. Sie machten ihre Trinkhörner voll und tranken so viel, bis sie aus den Latschen kippten.«

Michi schaute Franz fasziniert an.

»Viel wichtiger ist, dass wir endlich einziehen können«, sagte Papa.

»Oh, ja, gleich heut Abend!«, johlte Michi. »Aber erst muss mir Onkel Franz noch mehr von den Barbaren erzählen.«

Papa war in Gedanken. »So schnell wird das nicht gehen. Wir müssen alles einpacken, herfahren und hier hoch tragen.« Er seufzte und trank noch einmal einen großen Schluck aus seiner Limoflasche. »Es gibt noch viel zu tun.«

»Oh, das schafft ihr schon«, dröhnte Emiliano und haute Papa mit der flachen Hand auf die Schulter. Papa verschluckte sich und begann zu husten.

Der Umzug dauerte tatsächlich eine ganze Woche. Papa und Michi packten Spielsachen, Bücher, CDs, Kleider, Handtücher und Geschirr in Kisten. Sie bauten Schränke, Betten, Regale und Tische auseinander. Schließlich schleppten Michi, Papa, Onkel Franz und ein Möbelpacker insgesamt 55 Umzugskisten, Bilder, Pflanzen, Regalbretter, jede Menge Stühle, einen Sessel, das Sofa, das Klavier, zwei zerlegte alte Holzschränke, Michis auseinandergeschraubtes Bett, zwei Matratzen, einen großen, grünen Wollteppich, die Küchenschränke, Papas Schreibtisch, die Waschmaschine und noch vieles mehr aus der alten Wohnung im zweiten Stock in den Umzugslaster.

»So, das war's«, schnaufte der Möbelpacker nach drei Stunden. Er hatte das Olivenbäumchen vom Balkon als Letztes eingeladen und die Ladeklappe geschlossen. Alles war verstaut. Ein riesiggroßer Laster voller Sachen.

»Da hat sich in den letzten Jahren aber auch einiges angesammelt«, grinste Onkel Franz.

Papa nickte. »Allein meine Plattensammlung ist drei Umzugskisten groß.«

Onkel Franz winkte lachend ab und stieg in sein Auto. Er wollte schon vorfahren zum Casa Rosa, um gleich beim Auspacken helfen zu können. Auch der Möbelpacker stieg in seinen Laster und ließ den Motor aufbrummen.

»Dann wollen wir mal.« Papa hievte Michi in die Führerkabine, wo er zwischen Papa und dem Fahrer sitzen durfte.

Es ging los. Sie fuhren in die neue Stadt. Von hier oben hatte Michi eine tolle Sicht.

Als sie ankamen, stand Emiliano vor dem Casa Rosa und winkte. Michi traute seinen Augen nicht: Einen Schritt weit von Emiliano lehnte ein nagelneues, silbernes Fahrrad auf seinem Ständer, mit einer großen, blauen Schleife um den Lenker. »Bienvenido, willkommen!«, rief Emiliano aufgeregt und half Michi aus dem hohen Laster heraus.

»Ist das für mich?« Michi zeigte auf das Fahrrad.

»Si, Señor«, lachte Emiliano.

»Ein neues Haus, ein neuer Sommer und ein neues Fahrrad«, freute sich Papa und wuschelte Michi durchs Haar.

Schwitzend und mit roten Köpfen luden die Männer die Sachen aus. Das dauerte Stunden, nur langsam leerte sich die Ladefläche. Michi hatte auch ein paar Spielsachen und Pflanzen in die neue Wohnung getragen. Schon bald aber verließ ihn die Lust. Er schnappte sich sein neues Fahrrad und fuhr Runde um Runde im Hof.

Am Abend waren zwar alle Schränke und die Betten aufgebaut, die 55 Umzugskartons aber standen noch immer ungeöffnet in der Wohnung herum. Ein bisschen hilflos blickte Papa um sich: »Jetzt sind wir wirklich im Barbarenland.«

»Wo ist nur der Karton mit deinen Klamotten?«, rief Papa, als alle weg waren. Er suchte in der ganzen Wohnung. »Wo sind bloß die Bettbezüge, die Kissen und die Decken?« Michi sollte schlafen gehen und dafür brauchte er doch seine Sachen!

Papa stand kopfschüttelnd mitten im Wohnzimmer. Genervt

kickte er gegen einen Umzugskarton und ließ sich müde aufs Sofa fallen. »Hier sieht es echt aus wie bei den Barbaren. Überall Krempel, wer soll hier noch was finden?« Er legte die Beine auf den nächsten Karton und ließ den Kopf in den Nacken sinken.

»Was hast du, Papa?«, fragte Michi.

»Ach, nix.« Papa schloss kurz die Augen. »Ich mache eine klitzekleine Pause und ärgere mich so ein bisschen.«

»Worüber denn?«

»Wir haben extra unsere Kisten beschriftet, du hast Bücher auf die Bücherkisten gemalt und auf die Kleiderkisten Kleider.«

»Das haben wir. Ja und?«

»Und dann haben wir einfach alle Kisten wild durcheinander in der ganzen Wohnung verteilt, anstatt sie gleich in die richtigen Zimmer zu bringen. Wie bei den Barbaren eben. Nur mit dem Unterschied, dass die Barbaren nicht so viel Zeug hatten wie wir.« Papa stand auf. »Die hatten maximal ein Schafsfell und einen Holzknüppel.«

»Die brauchten keinen Laster?« Michi sah Papa mit großen Augen an.

»Nein, brauchten die nicht. Die haben ihren Holzknüppel über die Schulter gelegt und sind einfach ein Stückchen weitergewandert, bis sie eine gemütliche Höhle gefunden haben.« Papa seufzte.

»Dafür haben wir es viel gemütlicher«, tröstete Michi.

»Ja, das stimmt. Wir haben es hier richtig schön. Und noch schöner wird es, wenn wir unsere Sachen ausgepackt haben.« Damit machte sich Papa erneut auf die Suche nach Michis Schlafanzug.

»Ich hab ihn!«, schrie Michi. Er hatte seine Kiste schließlich in der Küche gesichtet. Mit großen, roten Buchstaben hatte Michi seinen Namen daraufgeschrieben und eine Hose dazugemalt.

Auch die Bettwäsche tauchte wieder auf. Während Papa die Decken richtete, tapste Michi ins Bad. Sogar der Boden unter seinen nackten Sohlen fühlte sich neu an.

»Ich wünsche dir eine gute erste Nacht im neuen Haus«, sagte Papa, als Michi endlich in den Federn lag.

Michi achtete gar nicht auf Papas Worte und fragte stattdessen: »Wie heißen so Barbaren eigentlich?«

»Och, die heißen zum Beispiel Galdur, Omur, Tafur und Ungur oder ... Michi und Papa. So, jetzt schlaf schön.«

Papa ließ die kleine Nachttischlampe mit dem schönen Goldlicht an, die inzwischen auch wiedergefunden war. Michi hörte Papa noch eine ganze Weile in der Wohnung kramen, dann schlummerte er ein. Wie ein Murmeltier lag er lang und traumlos in den weichen Kissen.

Auch am nächsten Abend standen noch jede Menge Kisten querbeet in der Wohnung herum. Einzig in Michis Zimmer war inzwischen alles an seinem Platz. Die Bücher standen kerzengerade und nach Größe sortiert im Regal, die Spielsachen waren in Schubladen untergebracht, die Kleider hingen ordentlich im Schrank und der ferngesteuerte Bagger stand auch schon auf einem Holzbrett über Michis Bett. X-Mal war Michi das Kletterseil zum Hängekorb hinaufgeklettert und hatte sich sein Zimmer aus der Vogelperspektive angeschaut.

»Ich kann doch hier oben schlafen«, schlug Michi vor, der sich in seinem Aussichtskorb zusammengerollt hatte.

»Das kommt gar nicht in die Tüte.« Papa war heute nicht in der Stimmung, lange mit Michi zu diskutieren. Dafür gab es noch viel zu viel unausgepackten Kram.

Ein paar Stunden ging das gut mit dem Schlafen. Dann war Michi aufgewacht und wusste erst einmal nicht, wo er war. Alles sah anders aus. Er hörte fremde Geräusche ... Da fiel es ihm wieder ein:

Er war in der neuen Wohnung, im Casa Rosa! Michi kletterte aus dem Bett und tapste ins Wohnzimmer.

»Huch, hab ich mich erschreckt! Da kommt ja ein kleines Gespenst.« Papa war gerade dabei, Berge von Büchern in drei große Regale zu sortieren. Überall auf dem Boden lagen flach zusammengefaltete Umzugskartons herum. »Du kannst gleich den Rückwärtsgang einschalten, Michi. Ich mach hier auch gleich Schluss.«

Aber Michi ließ sich nicht abwimmeln. »Wir haben Barbaren in der Wohnung!« Michi machte ein finsteres Gesicht.

»Was haben wir?«

»Barbaren in der Wohnung! Mindestens vier Stück.«

»Aha, und wo, bitte?«

»Na, zwischen den Kisten! Die laufen hier überall rum.« Michi verengte seine Augen zu schmalen Schlitzen, durch die er Papa bedeutungsvoll anschaute. »Die können hier aber nicht bleiben. Die machen alles unordentlich …«

»Ach, Michi, alter Träumer. Die einzigen Barbaren hier sind du und ich.« Papa packte Michi wieder ins Bett. »Wenn ich heut Nacht irgendwelche Barbaren entdecke, werde ich sie alle vertreiben, abgemacht.«

Michi nickte: »Abgemacht! In so einer Unordnung bleib ich nämlich nicht wohnen!«

»Schon klar«, murmelte Papa und löschte das Licht.

Irgendwann in der Nacht erwachte Michi wieder. Wieder bahnte er sich seinen Weg zwischen den Kartons entlang bis zu Papa. »Die haben unsere Kisten aufgemacht und alles durcheinandergeschmissen!«

»Was, wer?«, fragte Papa verdutzt.

»Na, die Barbaren! Der eine hat sogar laut gerülpst.«

Papa machte eine beschwichtigende Bewegung. »Nun mal langsam …«

»Einer hat einen ganzen Karton mit Büchern einfach auf den Boden ausgeschüttet. Das geht doch nicht!«

»Nein, das geht natürlich nicht«, stimmte Papa zu.

»Aber die sind echt stark.« Michi fuchtelte aufgebracht mit den Armen.

»Aber wir sind schlau. Und stark sind wir natürlich auch.« Papa schob Michi zurück ins Bett und rollte sich mit ihm unter die Bettdecke. »Und jetzt wird geschlafen, damit wir morgen fit sind und hier klar Schiff machen können. Wenn alles ausgepackt ist, verschwinden die Barbaren von alleine.«

Das glaubte aber auch nur Papa. Die Barbaren erschienen Michi in der folgenden Nacht noch einmal.

Das waren vier kleine, stämmige Kerle mit dünnem, langem Flusenhaar und Nasen, die von einer Wange bis zur nächsten reichten. Sie gingen Papa, wenn überhaupt, nur bis zur Brust, dafür waren sie allesamt doppelt so breit wie er. Derbe Fellwesten bedeckten ihre dicken Bäuche, ihre mächtigen Arme waren mit wüsten Tätowierungen versehen. Die baumstammdicken Beine steckten in groben Wollhosen und waren bis zum Knie mit Schnüren umwickelt. Blank schauten die breiten, schmutzigen Füße darunter hervor. Michi hatte noch nie solch schwarze Zehennägel gesehen.

Grölend hatten die vier im Wohnzimmer in den Kisten gewühlt. »Hunger! Hunger! Grrr, grrr«, hatte einer von ihnen ge-brüllt, »Met her!« ein anderer geschrien.

Natürlich hatte sich Michi wieder empört bei Papa beschwert. Papa wusste, er musste sich etwas einfallen lassen, um die Barbaren aus dem Casa Rosa zu vertreiben.

»So, da haben wir's.« Mit Schwung stellte Papa eine Holzsteige auf den Küchentisch.

Michi zog sich auf die Zehenspitzen, um hineinsehen zu können. »Bier? Hähnchen? Chips?« Michi sah Papa fragend an.

»Das ist für uns – und für deine Barbaren.«

»Für meine Barbaren?«

»Jawohl! Die werden wir heut Nacht hier herauslocken. Hinunter, zu Emilianos Boot.«

»Und dann?«

»Ha! Du wirst Augen machen. Wir schicken sie auf eine lange Reise…«

Zum Abendbrot briet Papa sechs Hähnchenkeulen. Weil in der Küche noch so viel Zeug herumstand, aßen Michi und Papa heute im Kinderzimmer. Papa hatte eine Picknickdecke auf dem Boden ausgebreitet und die Hähnchenschlegel auf Pappteller gelegt. Im Schneidersitz saßen sie sich gegenüber und bissen vergnügt in das saftige Fleisch.

»Wie die Barbaren«, lachte Michi.

»Oh, nein! Sprich bitte nicht mehr von diesen üblen Burschen«, winkte Papa ab. »Die ziehen noch heute Nacht hier aus!«

Die Dunkelheit kam und mit ihr der Schlaf. Und mit dem Schlaf kamen für Michi die Barbaren. Sie wühlten in den Kisten, brachten Stühle zum Umkippen, rülpsten, grölten und lachten. Michi stand in der Tür zum Wohnzimmer und betrachtete das wilde Durcheinander.

»Na, wartet«, hörte er Papas Stimme aus der Küche.

»Na, wartet!«, sagte auch Michi und drohte den wilden Kerlen mit der Faust. »Wer seid ihr und was habt ihr hier zu suchen?« Michis Stimme klang viel tiefer als sonst.

»Orgum«, sagte einer der Barbaren. »Seium«, sagte ein Zweiter. »Sorgum«, sagte der Dritte. »Schaddrum«, sagte der Vierte. Sie hatten von den Kisten abgelassen und sahen Michi verdutzt an.

»Schaut mal, ihr Ums, was wir hier haben!« Papa winkte mit einer Hähnchenkeule und gab Michi eine zweite in die Hand.

»Lecker, lecker, leckerli«, flötete Michi und schwenkte die Keule.

»Urrr, Arrr, Orrr...« Die Barbaren stießen grölende Rufe aus und kamen langsam auf Michi zu. Zwei von ihnen trugen eine grobe Holzkeule über der Schulter.

»Wir haben keine Angst vor euch. Wir sind nämlich viel schlauer als ihr!« Michi streckte den Barbaren tapfer die Hähnchenkeule entgegen. »Die müsst ihr euch schon holen...«

»Hier entlang«, lockte Papa und lief in den Hausflur. Michi kam ihm nach und gemeinsam stürmten sie die Treppen in Richtung Garten hinunter.

»Keule, Keule«, brüllte einer der Barbaren. »Orrr, Orrr«, gurgelte ein anderer. Nur mühsam kamen die behäbigen Kerle voran. Mit lautem Grunzen rempelten und stießen sie sich gegenseitig den Weg entlang, weil jeder der Erste sein wollte.

Schon waren Michi und Papa durch die Gartenpforte geschlüpft und liefen die Uferböschung hinunter zum Fluss. Die vier Barbaren kamen stampfend hinterher.

Emilianos Boot lag mit einem dicken Seil im Wasser ange-pflockt. Michi und Papa standen mit dem Rücken zum Fluss und winkten mit den Hähnchenkeulen. »Kommt, kommt nur her, ihr zotteligen Breitfußkerle!«

Die Barbaren rumpelten den Abhang hinunter. Doch noch bevor sie sich die Beute schnappen konnten, warf Papa die erste Keule über die Schulter hinter sich. »Wopp«, landete das Fleisch in Emilianos Kahn.

»Und hopp!«, rief Michi und tat es Papa nach.

Die vier Barbaren waren jetzt nicht mehr zu bremsen. Grö-lend stiegen sie in den Fluss und drängelten um den Kahn, dass das Wasser nur so spritzte. Schließlich hatten es alle irgendwie geschafft, sich in das Boot zu hieven. Doch das Gerangel ging weiter, der Kahn schwankte wie wild.

So kam es, dass Seium, Orgum, Sorgum und Schaddrum gar nicht merkten, wie Papa das Seil löste und dem alten Holzkahn einen ordentlichen Schubs versetzte.

»Und tschüss!« Papa hatte den Arm um Michi gelegt. Gemeinsam sahen sie dem dahingleitenden Boot nach. Die Strömung trug es rasch davon.

»Keulchen, Keulchen, komm, aufwachen!« Michi hielt Papa eine abgenagte Hähnchenkeule unter die Nase. Der schnüffelte auch schon und öffnete die Augen.

»Igitt, Michi, was soll denn das?« Papa war mit einem Schlag hellwach. »Pfui, Teufel! Bring das sofort in den Müll, du Quatsch-kopf.«

Michi grinste Papa an. »Was bei den Barbaren wirkt, wirkt auch bei dir.«

»Die schon wieder…«, grummelte Papa.

»Die sind weg«, strahlte Michi. »Mit dem Fluss davongeströmt.«

»Manchmal wünschte ich, ich könnte mich auch einfach davonströmen lassen«, raunte Papa leise und schloss noch einmal die Augen.

Michi, Papa und der Affentag

Die Herbstsonne schien golden durch die Fenster. Papa lag auf dem Wohnzimmerteppich, genau in einem wärmenden Lichtkegel, die Arme genüsslich hinter dem Kopf verschränkt.

Michi hockte daneben. »Was machen wir heute?«

»Wir lassen diesen Samstag einfach geschehen.« Papa schloss entspannt die Augen.

Michi überlegte. Seine Augen flogen hin und her, als würde er eine herumsummende Fliege beobachten. Dann hatte er eine Idee: »Wir leihen uns Emilianos Boot und gehen angeln.«

»Das machen wir jeden zweiten Samstag«, brummte Papa.

»Ich weiß was!« Michi war aufgesprungen und stand nun mit gegrätschten Beinen über Papas Brust. »Wir können mit dem Zug in die Stadt fahren und in die Spielzeugabteilung von dem grünen Kaufhaus gehen.«

»Abgelehnt!«

»Wir können Onkel Franz besuchen und mit der Auto-Rennbahn spielen?«

»Geht nicht. Franz ist nicht zuhause.«

Michi ließ sich wieder neben Papa auf den Teppich plumpsen. Er grübelte und grübelte und sagte eine ganze Weile keinen Ton. Doch mit einem Mal saß Michi rittlings auf Papas Knien: »Ich

weiß was! Wir gehen in den Zoo. Da waren wir schon ganz lang nicht mehr.«

Papa öffnete die Augen: »Die Sonne scheint. Es ist nicht zu kalt. Warum nicht?«

Im Zoo stand Michi wie gebannt vor einer Glasscheibe. Dahinter hockte ein kleiner Schimpanse und blickte ihn mit großen, runden Augen an. »Wie der mich anguckt«, staunte Michi. Er streckte seinen Zeigefinger aus, um die Scheibe zu berühren.

»Michi, ärgere ihn nicht.«

Michi wollte Papa gerade antworten, dass er den Schimpansen bestimmt nicht ärgern würde, da legte der Affe ebenfalls einen Zeigefinger an die Scheibe. »Schau mal!«, rief Michi. Der junge

Schimpanse zeigte seine Zähne, als ob er lachte. Michi war begeistert. Mit einer Hand zog er die Unterlippe nach unten. Das Äffchen machte es ihm nach.

»Oh, Mickybo hat einen Freund gefunden.« Plötzlich stand ein Mann hinter Michi. Er trug einen grünen Overall.

»Mickybo?« Michi erkannte sofort, dass der Mann ein Tierpfleger sein musste. Auf der Brusttasche seiner grünen Zoo-Jacke war ein Aufnäher. »Steht da dein Name drauf?«

»Ja, da steht Kurt«, sagte der Tierpfleger und tippte mit dem Finger auf sein Namensschild. »Und der kleine Kerl heißt Mickybo und ist ungefähr so alt wie du.«

»Ich bin fünf.«

»Siehst du. Mickybo ist fast fünf Jahre alt und will den ganzen Tag spielen.«

»So wie du«, nickte Papa und betrachtete grinsend den Affen.

Mickybo stellte sich auf, stützte sich mit einer Hand auf dem Boden ab und patschte mit der anderen flach an die Scheibe. Michi hielt seine Hand dagegen. Seine Finger waren nur halb so lang. Der Affe schüttelte den Kopf und zeigte wieder sein Affenlachen.

»Welcher ist Mickybos Papa?«, fragte Michi.

»Der lebt in einem anderen Zoo, ein paar hundert Kilometer von hier entfernt.« Der Tierpfleger machte sich jetzt mit einem klimpernden Schlüsselbund an der Tür neben dem Affenkäfig zu schaffen und holte aus einem Nebenraum zwei leere Holzkisten.

»Vermisst Mickybo ihn nicht?«

»Aber nein. Affenväter kümmern sich gar nicht um ihre Jungen. Das machen die Mütter. Außerdem haben wir hier genug andere Affen, mit denen Mickybo spielen kann.«

Der Tierpfleger begann, die beiden Holzkisten mit Äpfeln, Bananen, überreifen Birnen, Karotten, Zwieback und grünen Salatblättern zu füllen. Mickybo hockte unterdessen dicht an der Scheibe und sah Michi unverwandt an. Fast schien es, als würde er begreifen, dass gerade über ihn gesprochen wurde.

»Auf Wiedersehen, Mickybo!« Michi winkte dem Schimpansen zu, der ebenfalls eine Hand zum Gruß hob. »Er sagt uns ›tschüss‹«, kicherte Michi. Bis sie den Ausgang des Affenhauses erreicht hatten, lief Michi rückwärts und winkte. Er konnte sich von dem kleinen Affen einfach nicht trennen.

»Ich bin der Affe Michibo und brauche schnell eine Banane!«, johlte Michi, als er in Emilianos Obst- und Gemüseladen hüpfte.

»Und ich brauche zwei Knoblauchzehen, die ich mir bei dem Krach in die Ohren stecken kann«, lachte Papa.

»Habe ich, habe ich alles.« Emiliano suchte eine Banane für Michi aus. »So, Señor Affe, hier die schonste fur dich.« Emiliano betrachtete Michi, wie er beherzt in die Banane biss. »So, so. Jetzt leben im Casa Rosa also drei Affen.«

»Genau. Und einer davon muss gleich ins Bett«, fügte Papa hinzu und kaufte noch eine ganze Menge mehr Bananen, denn die liebte Michi. Dann gingen sie nach oben. Schon kurze Zeit später gab Papa Michi einen Gutenachtkuss.

»Mickybo!« Michi saß senkrecht im Bett. »Armes Äffchen…« Schon war Michi aus dem Bett und stapfte den Gang entlang.

Papa«, flüsterte Michi, als er vor Papas Hochbett stand. »Papaaa!« Jetzt stieg Michi die Leitersprossen hoch.

»Kann der kleine Affe nicht schlafen?« Papa stützte sich auf die Ellenbogen und sah Michi schlaftrunken entgegen.

»Er ist traurig und so alleine.« Michi nahm die letzten beiden Sprossen und schlüpfte unter Papas Decke.

»Wer ist traurig und alleine?«

»Mickybo! Er saß hinter seiner Glasscheibe und hat geweint. Weil sein Papa so weit weg ist und er niemanden zum Spielen hat.«

»Aber der ganze Zoo ist doch voller Affen, die mit ihm spielen.«

Michi hatte diesen Blick, den Papa sehr gut kannte. Dieser Du-kannst-sagen-was-du-willst-ich-weiß-dass-es-ganz-anders-ist-Blick. Papa seufzte: »Komm, du darfst beim Oberaffen schlafen. Und morgen lassen wir uns was einfallen, damit Mickybo wieder fröhlich wird. Abgemacht?«

»Abgemacht.« Damit war Michi erst mal zufrieden.

Am nächsten Abend hielt Papa fünf fleckige Bananen unter Michis Nase: »Das wird doch für so einen kleinen Affen reichen, oder?«

»Wir nehmen lieber noch Schokolade mit«, sagte Michi.

Papa schüttelte den Kopf: »Das ist für einen Affen nicht das Richtige.«

»Aber Rosinen! Die sind gesund!«

»Von mir aus. Aber jetzt ab ins Nest, du Affenfreund. Heute Nacht machen wir mit unserem Mickybo einen Ausflug in den bunten Herbstwald.«

Damit schlüpfte auch Papa unter die Decke.

»Oh ja!« Ohne dass Papa es bemerkte, angelte sich Michi eine Banane aus dem Rucksack und legte sie neben sein Kopfkissen. »Mickybo, ich komme«, flüsterte er und schloss die Augen.

In dieser Nacht träumte Michi wieder vom Affenhaus. Mickybo saß auf dem blanken Kachelboden seines Geheges. Sein Kopf hing traurig zwischen den hochgezogenen Schultern. Mit der einen Hand hob er ein paar herumliegende Strohhalme hoch und ließ sie gelangweilt auf die Kachel fallen, um sie gleich wieder zu greifen und auf den Boden segeln zu lassen.

»Jetzt aber schnell.« Papa stand dicht neben Michi und hatte den großen, roten Rucksack auf dem Rücken. Prüfend drehte er den Kopf nach links und rechts. »Keiner da!«

Michi lief zu einer abgestellten Schubkarre, die mit allerlei Obstzeug befüllt war. Über dem hölzernen Handgriff hing die grüne Jacke von Zoowärter Kurt. Michi schnappte sie sich und ließ seine Hand in die ausgebeulten Taschen gleiten. »Hier ist er!« Michi hielt einen dicken Schlüsselbund hoch.

»Beeil dich«, flüsterte Papa.

Der vierte Schlüssel passte. Die Tür ging auf. Michi und Papa schlüpften in einen großen, gefliesten Raum. Die gesamte Längsseite des Raums war vergittert. Dahinter sah Michi fünf dunkle, gebückte Gestalten.

Mickybo war aufgesprungen und streckte Michi freudig eine Hand entgegen.

»Da kommt jemand«, flüsterte Papa. Michi hielt die Luft an. Ganz deutlich hörten sie Schritte auf dem Gang. Auch Mickybo stand völlig still. Doch so schnell, wie die Schritte näher gekommen waren, entfernten sie sich auch wieder.

»Das hätten wir.« Gemeinsam hatten Michi und Papa die schwere Eisentür des Affenkäfigs einen Spaltbreit geöffnet. Die anderen Affen im Gehege schienen nicht zu bemerken, was vor

sich ging. Im Moment lagen die meisten gelangweilt und trä-
ge auf dem Rücken, spielten mit den Tauen oder kraulten sich.
Mickybo schlüpfte unbemerkt aus dem Käfig, lief auf Michi zu
und umarmte ihn. Michi war mindestens zwei Köpfe größer.
Vorsichtig streichelte er über den weichen Haarflaum des Affen.
»Hallo, Mickybo. Machst du mit uns einen Ausflug?«

»Uuuu, u, u, uuu«, antwortete Mickybo.

»Ich glaube, das heißt ›aber gerne!‹«, sagte Papa. Er hatte inzwischen seinen Rucksack abgesetzt und geöffnet. »Dann wäre
es das Beste, wenn du erst mal hier hineinkletterst.«

Das ließ sich Mickybo nicht zwei Mal sagen. In großen Sätzen
sprang der Schimpanse zu Papa und hopste in den Rucksack.

»Ich guck, ob die Luft rein ist«, flüsterte Michi, schlich zur Tür
und spähte hinaus. Dann gab er Papa ein Zeichen und huschte
auf den Gang. Papa folgte ihm, während Mickybo im Rucksack
mucksmäuschenstill blieb, als ahnte er, was die beiden vorhat-
ten. Sie schlossen die Tür zum Affengehege und standen neben
der Schubkarre.

»Die Schlüssel!«, flüsterte Michi.

»Die behalten wir«, antwortete Papa. »Wir müssen Mickybo
ja wieder zurückbringen. Und jetzt nichts wie raus hier.«

Erst als sie im Auto saßen und Michi den Rucksack geöffnet
hatte, schnaufte es erleichtert von innen und Mickybos brauner
Kopf mit den hellen Ohren tauchte auf. Er stülpte seine Lippen
nach vorne und stieß einen kehligen Laut aus.

Papa saß hinterm Steuer und drehte sich um: »He, Mickybo,
hier, eine Schirmmütze für dich. Es soll ja nicht gleich jeder sehen, dass wir einen Schimpansen an Bord haben.«

Mickybos rechter Arm schnellte nach vorn, schnappte blitz-schnell die Kappe und setzte sie auf.

Der Motor heulte. »Ab in den Wald!«, jubelte Michi.

Mickybo kratzte sich am Kopf und versuchte im nächsten Moment, seinen Zeigefinger in Michis Ohr zu stecken.

»Papa, Mickybo popelt in meinem Ohr rum.«

»Er laust dich. Das machen Affen so.«

»Das kitzelt …« Vorsichtig nahm Michi die Affenhand in seine und legte sie neben sein Bein.

Endlich bog Papa auf den Waldparkplatz ein. »So, jetzt könnt ihr toben.«

In null Komma nix war Mickybo über Michis Schoß aus dem Auto gesprungen und hüpfte aufgeregt hin und her, bis Michi ihn bei der Hand nahm. Gemeinsam liefen sie los.

Der kleine Affe wurde immer stürmischer, riss sich schließlich los und raste in einem Affenzahn den Hang hinauf.

»He, warte auf mich!«, schrie Michi und rannte Mickybo hin-terher. Kreuz und quer jagten die beiden durch den Wald.

»Können wir hier bleiben?«, fragte Michi atemlos, als sie an einen Waldspielplatz kamen.

»Klar!«, nickte Papa und hockte sich auf die Bank.

Mickybo zeigte seine Zähne: »Uh, uuu, u, uhhh!«

»Ich glaube, er hat Hunger«, sagte Papa und zog die Bana-nen aus dem Rucksack. Drei Stück verputzte Mickybo in Win-deseile.

»Alle Achtung. Du bist ja ein richtiger Vielfraß!«

»Uh, uhhh!« Mickybo sprang von der Bank und lief in Richtung Spielgeräte. Die Hängebrücke, die Drehscheibe, die

Rutsche und eine Schaukel – Mickybo probierte alles aus. Am liebsten mochte er die Rutsche. Immer und immer wieder ließ sich der Affe auf Michis Schoß fallen. Ging dann die Rutschfahrt nach unten, quietschte er wie ein kleines Ferkel: »Ihh, iiiiii!«

Zwei alte Damen waren auf dem etwas entfernten Waldweg stehengeblieben. Die eine nickte Papa anerkennend zu und sagte: »Ihre beiden Söhne werden wohl nie müde, was?«

Papa grinste über das ganze Gesicht.

Eine Autofahrt später standen Michi und Papa mit dem Rucksack auf dem Rücken wieder im Zoo. Nur noch ein paar Meter trennte sie vom Affenhaus. Dort schienen alle in heller Aufregung zu sein. Pfleger Kurt rannte zwischen dem Außengehege und dem Affenkäfig hin und her. »Er kann sich doch nicht in Luft aufgelöst haben, der Affenbengel!« Vor Aufregung hatte er rote Ohren bekommen.

»Oje. Papa, was machen wir denn jetzt?«

»Komm hinter den Busch.« Papa half Mickybo aus dem Rucksack. Michi nahm ihn auf seinen Arm wie ein Baby. Der kleine Affe klammerte sich fest an ihn.

»Kommt.« Papa ging zügig Richtung Affenhaus. Schon waren Kurt und seine Kollegen aufmerksam geworden. Bevor sie aber etwas sagen konnten, sprach Papa bereits: »Den kleinen Kerl haben wir dahinten im Gestrüpp kauern sehen. Als wir ihn gerufen haben, ist er gleich gekommen.«

»Mickybo!!!« Kurt streckte seine Arme nach dem Affen aus. Der aber wollte bei Michi bleiben.

»Na, geh schon«, flüsterte Michi.

»Scheint so, als ob er Vertrauen zu Ihnen beiden gefasst hat.« Kurt schaute Papa verstört an: »Wie kam der nur aus dem Affenhaus raus?«

»Da hinten im Gebüsch lag noch dieser Schlüssel.« Papa streckte Kurt den Schlüsselbund entgegen.

Der schüttelte nur den Kopf. »Also, ich verstehe gar nichts mehr…«

»Uh, uhhh, uhhh, uhhh!« Michi hüpfte im Bett auf und ab. »Papa, wir haben einen affig guten Ausflug gemacht!«

Papa wälzte sich mit geschlossenen Augen auf die Seite. Etwas Weiches gab unter seinem Kopf nach und plötzlich stieg ihm der süßliche Duft von Bananen in die Nase. »Oh, nein!«, stöhnte er. Papa hatte Michis überreife Banane plattgedrückt.

Michi kicherte. »Papa, dein Frühstück hängt dir am Kopf!« Gut gelaunt hüpfte er vom Bett: »Und was machen wir heute?«

»Erst mal ausgiebig duschen …« Mit spitzen Fingern zog sich Papa den Bananenbrei aus den Haaren.

Michi, Papa und die Schneeballschlacht

Noch nie hatte Michi so viel Schnee gesehen. Seit drei Tagen und drei Nächten schneite es. Es war, als ob ein dunkler, feuchter Schneevorhang vom Himmel fiele, gesponnen aus endlos langen Fäden. Pelzig-weiß und kalt legte er sich über Dächer und Wiesen. Die Farben waren darunter wie verschluckt. Und mit jedem Tag wurde die Schneedecke dicker.

»So viel Schnee gab es bestimmt zwanzig Jahre nicht mehr!«, rief Emiliano und schippte eifrig vor dem Casa Rosa einen schmalen Gehweg frei.

»Noch nie! Noch nie gab es so viel Schnee!«, jubelte Michi. Am liebsten wäre er den ganzen Tag durch das frische Weiß gestapft. Das knirschte unter den Stiefeln so schön.

Eines Morgens waren die dichten, grauen Schneewolken verschwunden. Der Himmel war hellblau, die Luft glasklar und kalt. Und über allem strahlte die Sonne und brachte die Welt zum Glitzern.

Michi hockte am Fenster und schaute auf die verschneite Straße. »Gehen wir heute Schlitten fahren?«

Papa hatte es sich mit einer Zeitung auf dem Sofa bequem gemacht und seine Wollstrumpffüße gemütlich auf den Hocker gelegt. »Wir könnten vielleicht einen Schneemann bauen«, murmelte er, ohne seinen Blick zu heben.

Das war eine tolle Idee, fand Michi. »Aber groß muss er werden!«

»An mir soll's nicht liegen.« Raschelnd schlug Papa die Seiten um und vertiefte sich darin.

»Dann los. Jetzt gleich!« Michi rutschte vom Fenstersims, nahm Anlauf und hopste auf das Sofa.

»Langsam, langsam. Mein Kaffee will getrunken und meine Zeitung gelesen sein.«

Große sind komisch, dachte Michi. Wie konnte man bei so viel Glitzersonnenschein und schönem, weißem Schnee erst einmal einen bitteren Kaffee trinken wollen?

»Ich geh jetzt nach unten«, verkündete er. »So-fort!«

»Du kannst ja bei Emiliano auf mich warten«, knurrte Papa. Wenigstens den Kaffee wollte er noch austrinken. Die Zeitung hatte er bereits zur Seite gelegt.

Schnell wie der Blitz schlüpfte Michi in seinen dicken, warmen Schneeanzug. Das war ein kleines Wunder, denn normalerweise fluchte er fürchterlich, bis er dieses Ungetüm von einem Kleidungsstück endlich anhatte.

»Ich bin weg!« Damit sauste Michi die Treppen nach unten bis vor das Haus, um sogleich die drei Stufen zu Emilios Laden in zwei Sprüngen nach oben zu hüpfen.

»Palim, palim«, machte die Tür, als Michi sie aufriss und seinen Kopf in den Laden steckte. Emiliano hatte Kundschaft. Gerade bediente er eine ältere Dame. Drei weitere Kunden warteten darauf, an die Reihe zu kommen. Das konnte dauern. Emiliano liebte es, mit jedem Einzelnen ausgiebig zu schwatzen.

Emiliano schaute verdutzt hoch. »Hola, Michael!«

»Wir bauen einen Schneemann im Park! Kommst du mit?«

»Ohhh! Erst einmal muss ich ein bisschen Obst und Gemuse verkaufen«, lachte Emiliano. Trotzdem lief er zu einer Stiege mit Karotten, suchte wählerisch eine besonders große heraus und überreichte sie Michi. »Mit einer Empfehlung von Emiliano für deinen Schneemann.«

»Danke!«

»In der Mittagspause schaue ich mir an, was aus meiner Karotte geworden ist«, schmunzelte Emiliano.

»Aber nicht vergessen!« Schon war Michi wieder aus der Tür.

Dann klingelte er Sturm, bis Papa endlich aus dem Haus kam. »Die Nase für den Schneemann hab ich schon«, johlte Michi und winkte mit der Riesenkarotte.

Michi und Papa stapften in den Stadtpark. Die Wiese dort war dick verschneit, aber auf den Fußgängerwegen räumte ein schmales Baufahrzeug den Schnee mit einer großen Schaufel zur Seite.

»Hier soll er stehen!« Michi zeigte unter den großen Walnussbaum.

»Das ist aber sehr nah am Weg«, überlegte Papa laut.

»Das ist mir egal. Der Schneemann soll vor dem Baum stehen!«

»Dann mal los.« Papa drückte mit seinen Handschuhen einen festen Schneeball zusammen und reichte ihn Michi. »Du bist dran!«

Michi nahm die Kugel und rollte sie durch den Schnee. Nach jeder Umdrehung gewann sie beachtlich an Umfang.

»Du musst den Schnee zwischendurch auch immer schön fest-

klopfen«, sagte Papa. »Dein Schneemann soll doch fest und stark
werden.«

»Natüüürlich!« Wieder und wieder klopfte und drehte Michi
den Schneeball. Bald war er so groß wie ein Fußball, dann wie ein
Autoreifen und schließlich reichte er ihm bis zur Brust.

»Papa, ich kann nicht mehr.« Michi richtete sich auf und hielt
sich den Rücken.

»Du machst aber schnell schlapp …« Papa übernahm die Kugel
und wälzte sie über den Boden. Schicht um Schicht legte sie zu,
bis sie schließlich so groß wie ein ordentliches Weinfass war.

»Jetzt machen wir dich stark und fest.« Michi klopfte eifrig auf
den Schnee und sang im Takt seiner Hände: »Wir machen dich
stark und fest! Wir machen dich sta-hark und fe-hest!«

Dann begann er, die zweite Kugel für den Schneemannbauch

zu rollen. Die wurde so groß wie der Hüpfball im Kindergarten.
Und zum Schluss kam der Kopf an die Reihe, groß wie ein dicker
Kürbis.

   »Jetzt bauen wir den Schneemann zusammen«, keuchte Papa
und hievte die Kugeln übereinander.

   Michi schaute fasziniert zu dem Schneekugelturm auf, der Papa
fast bis zur Nasenspitze reichte. »Ist der groß!«

Michi hatte so sehr geschuftet, dass er richtig schwitzte. Aus dem Kragen seines Schneeanzuges dampfte es. Aber die Arbeit hatte sich gelohnt. Der Schneemann war stark und fest. Daran bestand kein Zweifel.

Es kam aber noch besser. Papa öffnete seinen Rucksack und packte Tante Gretas abgelegten Schal für den dicken Hals und eine alte, echt französische Baskenmütze für den Kürbiskopf aus. Mitten in das Gesicht kam die dralle Karotte von Emiliano und als Arme dienten zwei Zweige mit dünnen Ästchen dran. Sie sahen aus wie gespreizte Finger. Damit war der Schneemann perfekt. Wie aus einer Schneemannfabrik, wenn es eine gäbe.

»So einen stattlichen Schneemann habe ich noch nie gesehen«, lobte ein alter Herr mit Hut und Dackel. Sogar drei Jugendliche, die auf der Lehne einer Parkbank saßen und rauchten, schauten rüber.

Auch Emiliano war begeistert. »Das ist mein neuer Freund«, lachte er. Emiliano war nicht nur vorbeigekommen, um Michis Schneemann zu bewundern, sondern auch, um den beiden eine Thermoskanne mit heißem Tee zu bringen. Freundschaftlich legte er seinen Arm um den Schneemann.

Michi war mächtig stolz. »Unser neuer Freund heißt Rudi«, fiel ihm plötzlich ein.

Emiliano klopfte dem Schneemann auf die Schulter. »Rudi, es ist schon, dich kennenzulernen!«

Papa hielt die Tasse mit dem heißen Tee gedankenverloren in der Hand und sah Rudi zufrieden an. »Fehlt nur noch eines: Morgen bekommt Rudi eine Rotraut.«

»Was soll Rudi mit Rotkraut anfangen?«, fragte Michi.

»Er bekommt eine Rot-raut, kein Rot-kraut«, betonte Papa. »Rudi soll eine Schneefrau haben.«

»Baut Rudi aber eine schone Frau«, drohte Emiliano mit dem Zeigefinger. »Hubsch muss sie werden und groß, mit einem solchen Popochen.« Emiliano hielt die Hände auseinander, um Michi und Papa das Popochen andeutungsweise zu zeigen.

»Rotraut wird aber keine Elefantendame«, lachte Papa.

Abends im Schlafanzug machte Michi Pläne für den nächsten Tag. »Wir können Rotraut ein altes Handtuch um den Kopf wickeln, als Turban. Dann sieht sie elegant aus.«

»Vielleicht finden wir in der Verkleidungskiste im Keller auch noch eine alte Perücke. Aber jetzt geht's erst mal ab ins Bett.«

Papa hatte sich Michi über die Schulter gelegt und ließ ihn auf seine Matratze plumpsen. Bald war Michi eingeschlafen.

»Rudi? Bist du noch heile?«, murmelte Michi. Plötzlich war er hellwach. »Das gibt's doch gar nicht!« Mit einem Satz war Michi aus dem Bett und lief schnurstracks in Papas Zimmer. »Du kennst doch Rudi, oder?« Michi kletterte die Leitersprossen nach oben.

»Michi? Was ist denn los?«, brummte es müde vom Hochbett.

»Na, Rudiii! Den kennst du doch!« Michis Stimme war lauter geworden.

»Hältst du mich für verkalkt? Natürlich weiß ich, wer Rudi ist.«

»Sie haben ihn zerstört! Mit Schneebällen!« Michi setzte sich kerzengerade neben Papas Kopfkissen.

»Sie? Wer sind SIE?« Verdattert fuhr sich Papa durch sein wirres Haar.

»Die Großen im Park haben Rudi mit Schneebällen beworfen und ihn dann einfach umgeschubst!«

»Nein, das hast du nur geträumt. Unser Rudi steht unberührt im Park und wartet sehnsüchtig auf Rotraut.« Papa streichelte Michi über die Wange. »Na, komm.«

Vorsichtig stieg Papa die Leiter hinab und trug Michi zurück ins Kinderzimmer. »Schlaf schön weiter. Du musst Kräfte sammeln für unsere Schneefrau morgen.«

Michi hatte in seinem Traum ganz umsonst Angst um Rudi gehabt. Als er am nächsten Tag mit Papa in den Park kam, stand der stattliche Schneemann noch immer aufrecht und stolz da. Sogar seine Mütze saß unversehrt auf dem dicken Kopf.

»Und jetzt bauen wir Rotraut, die schönste Schneefrau, die sich ein Schneemann nur wünschen kann«, rief Papa vergnügt.

Schön war gar kein Ausdruck: Sie war ein Stückchen kleiner als Rudi, dafür aber etwas kräftiger. Dicht stand sie neben ihrem Schneemann. Am Arm baumelte ihr ein altes, rotes Lackledertäschchen von Tante Greta. Und auf dem Kopf hatte sie – das war das Allerbeste – eine rote Kunsthaarperücke.

»Rotraut muss zwei schöne, runde Brüste bekommen«, sagte Papa. »Damit auch jeder sieht, dass es sich um eine Schnee*frau* handelt«.

Michi klatsche Rotraut zwei Schneebälle auf die obere Bauchkugel. Papa grinste.

»Was für ein schönes Paar!«, sagte eine ältere Frau im Vorbeigehen. »Hoffentlich macht die niemand kaputt.«

Michi nickte und schielte zu den Jugendlichen hinüber. Sie

waren wieder um die Parkbank versammelt und rauchten. Michi hatte das Gefühl, dass sie hin und wieder zu dem Schneemann-paar lugten. »Das waren die da drüben«, flüsterte er Papa zu.

»Die haben doch gar nichts gemacht.« Papa rückte das große, rote Radieschen im Gesicht der Schneefrau zurecht. »Den großen Jungs und Mädchen gefallen Rudi und Rotraut halt auch. Wahr-scheinlich würden sie am liebsten mithelfen.«

»Die sollen sich selbst einen Schneemann bauen«, grummelte Michi.

Auf dem Weg nach Hause zupfte Michi Papa plötzlich an der Jacke. »Duuu, morgen nach dem Kindergarten bekommen Rudi und Rotraut ein Schneekind, gell?«

»Die beiden leben eigentlich ganz gut zu zweit«, wandte Papa ein.

»Ja, aber wenn man sich gern hat, will man auch ein Kind krie-gen. Das hast du selbst gesagt!«

»Na gut. Heute genießen Rudi und Rotraut noch ihre Zweisam-keit und morgen bekommen sie von mir aus ein Schneekind. Aber nur ein klitzekleines.«

»Papaaa!« Es war mitten in der Nacht. Nach einer winzig kleinen Mütze Schlaf war Michi wieder aufgewacht.

»Was ist denn lo-hos?«, rief Papas Stimme durch das nächtliche Dunkel.

»Komm, Papa.«

»Ich kann nicht. Ich schlafe tief und fest. Komm du zu mi-hir.«

Kurz darauf taperte Michi durch die dunkle Wohnung. »Rudi und Rotraut, beide sind futsch«, jammerte er. »Die Wilden aus dem Park haben sie plattgemacht.«

»Welche Wilden? Im Park gibt es keine Wilden, alles ist gut.« Papa zog Michi auf das Hochbett und ließ ihn unter die Decke schlüpfen. »Im Park sind jetzt nur Rudi und seine schöne Frau. Vielleicht wagen sie gerade in diesem Augenblick ein kleines Tänzchen.« Sanft strich Papa über Michis Augen. »Alle Menschen schlafen jetzt. All-he! Schlaf auch du-hu!«

Der Rest der Nacht wurde sehr unruhig. Michi strampelte mit den Füßen und wälzte sich von rechts nach links. Einmal setzte er sich abrupt auf und knurrte wie ein Hund.

»Du hast mir mal wieder den Schlaf geraubt, mein Sohn«, sagte Papa am nächsten Morgen und stellte Michi den Kakao vor die Nase.

»Aber das Schneekind bauen wir trotzdem, ja?«

Papa nickte und gähnte gleichzeitig.

Nach dem Kindergarten nahm Michi auf seinem Schlitten Platz und ließ sich von Papa zum Park ziehen. An diesem Tag sollten Rudi und Rotraut Eltern werden. Ihr Schneekind hieß Ricci und hatte nur zwei Kugeln: einen Kopf mit einer alten Bommelmütze und einen schönen, runden Bauch. Ein großer, roter Knopf war die Nase. In der einen Schneehand hielt Ricci eine alte Schaufel mit Riss, in der anderen steckte ein bunter Lolli.

»Oh, was für eine wunderschone Familie!«, lachte Emiliano. Er war in den Park gestiefelt, um nach Michis Schneearbeiten zu sehen.

»Ich hoffe nur, dass das Wetter noch ein Weilchen mitspielt. Es soll wärmer werden«, sagte Papa und packte seinen Fotoapparat aus. »Und da wir nicht wissen, wie lange dieses Glück noch währt, mache ich ein Bild fürs Familienalbum.« Er schenkte Michi und Emiliano ein breites Grinsen: »Bitte, Signõres, gesellen Sie sich zu Ihrer eiskalten Verwandtschaft!«

Als Emiliano sich wieder auf den Nachhauseweg gemacht hatte, zog Papa eine Plastiktüte aus seiner Jackentasche. »Und jetzt bewaffnen wir uns.«

Michi sah Papa fragend an: »Warum bewaffnen und womit?«

»Wenn heute Nacht wieder die Wilden kommen, werden wir sie mit ihren eigenen Waffen in die Flucht schlagen.«

»Juhu!« Michi sprang in die Luft.

Schweigend und mit tropfenden Nasen formten sie Schneebälle, bis die Tüte fast voll war.

»Das reicht fürs Erste«, schnaufte Papa und Atemwölkchen stiegen aus seinem Mund empor. »Ab nach Hause.«

Kaum angekommen, brachten die beiden die Schneebälle auf die Terrasse. Erst als Michi schon im Bett lag, schleppte Papa Michis alte Babybadewanne ins Kinderzimmer. Die Wanne diente Papa eigentlich als Wäschekorb und war jetzt halbvoll mit Schneebällen.

»Unsere Munition reicht für eine ganze Horde von Angreifern«, freute sich Papa. »Heut Nacht schlaf ich bei dir. Dann schlagen wir sie mit vereinten Kräften in die Flucht.«

Das ist eine gute Idee, war Michis letzter Gedanke, bevor er einschlief.

In der Nacht stand Michi im Park und betrachtete Rudi, Rotraut und Ricci. Sogar der Lolli war noch da.

Da kamen sie.

Sie waren zu dritt. Drei große Jugendliche.

Wie auf Kommando bewarfen sie die Schneefamilie mit dicken Schneebällen. Michi wollte schreien – aber da schrie schon jemand.

»Aaaattaaacke!« Papa kam von hinten angerannt. Die Arme nach oben gerissen, brüllte er wie ein Löwe und stürmte auf die Angreifer zu.

»Papa, du hast ja nur deinen Bademantel und die Hausschuhe an!«, rief Michi.

Das schien Papa nicht zu stören. »Los, Michi, Feuer!« Aus den ausgebeulten Taschen seines dunkelgrünen Frotteemorgen-mantels holte Papa einen Schneeball nach dem anderen und pfefferte sie den großen Jungs entgegen. »Lasst Rudi in Ruhe, ihr Tagediebe, ihr Schneemann-Quäler!«

Erst jetzt sah Michi die Babybadewanne nicht weit von sich stehen.
Mit beiden Händen schnappte er sich die eisigen Kugeln und schleuderte
sie auf die Jugend-
lichen. »Zieht euch
warm an!«, rief er seinen
Wurfgeschossen hinterher.
Michis Schneebälle flogen so hoch
und weit wie Flummis. Jeder Wurf war ein Volltreffer.

Bald waren die Schneemann-Angreifer über und über weiß.
Zwei hatten schon den Hals tief zwischen die Schultern gezogen. Ihnen hatte Michi voll in den Kragen gefeuert.

Papa röhrte inzwischen wie ein wild gewordener Hirsch und
warf den dreien die letzten Schneebälle hinterher: »Jetzt rennt,
so schnell ihr könnt, wenn ihr keinen Schnupfen kriegen wollt!«

»Genau! Ihr feigen ... ihr feigen ... Minipupser!« Endlich war
Michi die richtige Beschimpfung eingefallen.

Prustend hielten sie inne. Die Munition war verschossen. Die
drei Angreifer liefen davon.

»Da rennen sie wie die Hasen.« Papa nahm Michi in den
Arm. Rudi, Rotraut und Ricci standen unversehrt mitten im
Park. Sie schienen zu lächeln.

»Denen haben wir eins auf die Mütze gegeben!« Gut gelaunt sprang Michi auf die Beine.

»Wie, was?« Papa schreckte hoch. Noch halb im Schlaf, schlug er die Decke zurück und setzte seine Beine auf den Boden.

»Ahhh!« Was war das?!

Papa stand bis zum Knöchel im Eiswasser. »Verfluchter Mist! Jetzt bin ich wirklich wach.«

»Ich bin auch schon hellwach!« Mit einem weiten Sprung hopste Michi über die Wanne hinweg. »Oh, nein, der Schnee schmilzt! Draußen ist alles ganz matschig.« Michi drückte seine Nase ans Fenster.

»Wenigstens unsere Schneefamilie hat ihre letzte Nacht in Ruhe und Frieden verbracht«, seufzte Papa und zog seine rot gefrorenen Füße aus der Babybadewanne.

Michi, Papa und der Unfall

Ein neues Jahr war da und Michi wechselte am Ende des Winters dann doch den Kindergarten. Das hatte einen guten Grund: Er war nur ein Katzensprung vom Casa Rosa entfernt. Oder eigentlich war es ein Mausesprung, Michi kam nämlich in die Mäusegruppe.

In der Mäusegruppe lernte Michi Ilayda kennen, die er sehr mochte. Sie hatte braune, lange Haare und lustige Ponyfransen. Zwischen dem viel zu langen Pony blitzten Ilaydas Murmelaugen wie zwei glitzernde Edelsteine hervor. Die waren schwarz wie die Nacht und umrandet von einem dichten, langen Wimpernkranz. Ihre Nase stand wie eine kleine Sprungschanze in dem schmalen Gesicht. Außerdem roch sie gut. Irgendwie nach Kaugummi, fand Michi.

Wenn Papa über Ilayda sprach, sagte er immer »die Maus«.

»Die Maus hat einen Namen«, verbesserte ihn Michi dann.

»Stimmt! Die Maus heißt Ilayda und sieht eben aus wie eine Spitzmaus.«

Ilayda ging nach dem Kindergarten entweder zu ihrer Mama, die in einer Wäscherei arbeitete, oder gleich nach Hause. Dann hatte sie ein großes Stück weit den gleichen Heimweg wie Michi, nur musste sie kurz vor dem Casa Rosa nach rechts abbiegen.

Graue, regenreiche Wochen lang waren Michi und Papa das Stück gemeinsam mit Ilayda gelaufen. Bis plötzlich der Frühling vor der Tür stand.

»Alles erwacht zu neuem Leben, alles wächst und wird neu!«, strahlte Papa.

Das fand Michi auch. Und deshalb kam der Tag, an dem Michi alleine vom Kindergarten nach Hause laufen wollte. Oder besser gesagt: gemeinsam mit Ilayda, aber ohne Papa. Immerhin war Michi jetzt schon ein Vorschulkind.

»Alleine laufen?« Papa schaute Michi skeptisch an. »Du bist doch erst fünf.«

»Ich bin schon fünf!«, verbesserte Michi.

»Aber die anderen Kinder werden doch auch alle abgeholt.«

»Gar nicht alle! Außerdem sagst du selbst immer, man soll nicht schauen, was die andren machen.«

Papa nickte stumm und meldete gleich wieder einen neuen Vorwand an: »Aber …«

»Kein Aber! Der Frühling lässt alles wachsen und macht alles neu. Das hast duuu gesagt.« Michi sah Papa eindringlich an. »Da bin ich eben auch neu geworden und plötzlich ganz groß gewachsen.«

»Also, bis du groß bist, müssen noch ein paar Frühlinge mehr übers Land ziehen.« Papa klang jetzt fast ein bisschen säuerlich.

Aber Michi ließ nicht locker. Wenn Ilayda das konnte, konnte er das auch. Und überhaupt: Nur noch einige Monate, dann würde er ohnehin in die Schule kommen. Spätestens dann würde Michi alleine heimlaufen. »Du kannst mich doch nicht dein ganzes Leben lang abholen«, fing Michi wieder an.

»Doch«, wollte es Papa entwischen. Aber er überlegte es sich noch mal anders und schluckte das »ch« hinunter. »Do ... hast du Recht.«

»Da habe ich natürlich Recht«, nickte Michi.

»Also gut.« Papa gab sich geschlagen. »Aber nur, wenn ihr zu zweit lauft.«

»Das machen wir natüüüüüürlich.«

Was Michi anfangs nicht wusste, war, dass Papa die erste Zeit Ilayda und ihn wie ein Privatdetektiv in geheimer Mission verfolgte. Um »Achtung« oder »Stopp, stehen bleiben!« zu brüllen, sollten die beiden doch mal ein Auto

übersehen. Einmal schlich sogar Emiliano im Auftrag von Papa hinter ihnen her. Das aber merkten Michi und Ilayda sofort, denn Emiliano stellte sich weit weniger geschickt an. Sie machten sich einen Spaß daraus, vor den Schaufenstern der Läden stehenzubleiben, um dann schnell wieder loszulaufen. Emiliano hatte seine liebe Mühe, den beiden zu folgen. Doch nach einiger Zeit war Papa davon überzeugt, dass Michi vorsichtig und niemals, ohne nach links und rechts zu schauen, über die Straße lief. Ab diesem Zeitpunkt gingen Michi und Ilayda ohne Aufpasser nach Hause.

»Michi, wo bleibst du?« Ilayda schlenkerte ihre Kindergartentasche.

Heute würde Ilayda direkt nach Hause gehen. Ihr Weg führte sie an einer Bushaltestelle vorbei, wo häufig ein paar größere Jungen und Mädchen standen, die gerade aus der Schule kamen. Die waren mindestens vierzehn oder fünfzehn Jahre alt und versperrten oft den ganzen Gehsteig. Michi und Ilayda mussten sich dann zwischen ihnen hindurchschieben.

Und das war gar nicht so einfach.

Nicht nur, dass die beiden viel kleiner waren. Die Jugendlichen machten sich auch noch einen Spaß daraus, Kleinere zu ärgern. »Achtung, Babyalarm« oder »Hier kommen die Zwerge«, riefen sie dann.

Auch heute ließen die Großen wieder ein paar doofe Sprüche fallen. Michi und Ilyada versuchten gerade, sich schnell und unauffällig durch das Gedränge zu kämpfen. Just in diesem Moment zettelte ein großer Kerl mit einer schwarzen Jacke und blonden Stehhaaren eine Rauferei an. Er lehnte seinen Oberkörper zurück, holte Schwung und verpasste einem rothaarigen Jungen einen kräftigen Stoß mit der Schulter. Der geriet ins Straucheln, zischte noch »Du Idiot« und prallte ausgerechnet auf Ilayda. Gerade noch konnte sich der Rothaarige wieder fangen, Ilayda aber taumelte rückwärts.

»Pass doch auf das kleine Mädel auf, du Depp!«, hörte Michi eine Mädchenstimme rufen. Aber da war es schon zu spät. Ilyada hing mit den Fersen über der Bordsteinkante, verlor das Gleichgewicht und knallte auf den harten Asphalt. Einen halben Meter weit lag sie auf der Fahrbahn.

Fassungslos blickte Michi Ilayda an. Dann rissen ihn ein lautes Hupen und ein quietschendes Geräusch aus seiner Starre. Ein Autofahrer hatte scharf gebremst.

Gerade noch rechtzeitig. Ilayda lag nur einen Fingerbreit vor dem rechten Autoreifen.

Auch die rangelnden Jungs waren durch das Quietschen der Bremsen hochgeschreckt. Als der mit den Stehhaaren bemerkte, was er angerichtet hatte, packte er seinen Rucksack und machte sich auf und davon.

Michi lief zu Ilayda und streckte ihr die Hand entgegen. Ihre Jeans war an einem Knie aufgerissen, durch das Loch sah Michi hellrotes Blut. Ihre Jacke war voller Schmutz und der rechte Handballen war böse aufgeschürft. Lauter kleine Steinchen steckten in der Wunde.

Ilaydas Augen standen voller Tränen.

Aus der Bäckerei kam eine Frau gelaufen. »Ja, wo gibt's denn so was? Kind Gottes, hast du dir weh getan?« Die Frau sah sich erst nach dem Autofahrer, dann nach dem Blonden um: »Jetzt hat dich dieser Kerl auf die Straße geschubst und haut einfach ab! Ist das vielleicht eine Art?«

Der Fahrer hatte die Warnblinkanlage seines Autos angestellt und war hektisch ausgestiegen. Er trug einen dunklen Anzug mit Krawatte. »Ist dir was passiert?!« Aufgewühlt kniete er sich neben Ilayda.

Die schüttelte wortlos den Kopf. Ihre Tränen sagten aber etwas anderes.

Der Autofahrer war sichtlich bleich geworden. »Einen Zentimeter und das Mädchen hätte unter meinem Reifen gelegen …«

Die Frau wischte mit einem Taschentuch über Ilaydas Wangen. »Das war nur der Schreck.« Mit einem zweiten, sauberen Taschentuch putzte sie behutsam die Steinchen von Ilaydas Handballen.

»Kennt einer von euch diesen Kerl mit der schwarzen Jacke?«, fragte der Autofahrer die Jugendlichen, die immer noch an der Bushaltestelle warteten. Aber sie schüttelten die Köpfe.

Die Frau strich Ilayda sachte über den Kopf. »Wo wohnst du denn?«

Ilayda brachte vor lauter Schreck keinen Ton heraus.

»Ilayda wohnt da hinten«, antwortete Michi an ihrer Stelle und zeigte in Richtung der nächsten Querstraße.

»Soll ich sie dahin bringen?«, fragte der Mann mit dem Auto.

»Nein, nein«, winkte die freundliche Frau ab. »Das können der Junge und ich auch zu Fuß machen. Du zeigst mir, wo deine Freundin wohnt, ja?«

»Ist auch wirklich alles in Ordnung mit dir?« Der Autofahrer sah Ilayda schuldbewusst an, obwohl er ja noch rechtzeitig gebremst hatte.

Wieder nickte Ilayda. Sie war aufgestanden und klopfte sich die Hose ab.

»Dann lasst uns gehen«, sagte die Frau und nahm Ilayda bei der Hand. Michi ging mit Ilaydas Tasche unterm Arm voraus.

»Und dann hat es sooo laut gequietscht, dass mir fast die Ohren abgefallen sind!«, berichtete Michi am Abend.

»Wenn ich diesen Burschen in die Finger bekomme, dann wird er was zu hören kriegen.« Papa hatte mit gerunzelter Stirn zugehört.

»Der mit der schwarzen Jacke?«

»Genau der! Das ist ja gemeingefährlich.«

Kurz vor dem Einschlafen musste Michi an Ilayda denken. Wahrscheinlich brannte ihr Knie fürchterlich. Und der Ellenbogen und die Hand taten bestimmt auch weh. Dieser blöde Grobian. Der sollte selbst mal geschubst werden und auf die Straße fliegen ... Michis Gedanken zogen Kreise, dann kam der Schlaf.

»Papa?« Bestimmt war es schon Mitternacht. Papa saß noch vor dem Computer und starrte konzentriert auf den Bildschirm. »Papa?«

Papa zuckte zusammen. Er hatte nicht bemerkt, wie Michi aus dem Bett geschlichen war und plötzlich hinter ihm stand. »Erschrick mich doch nicht so!«

»Der Grobian mit der schwarzen Jacke hat Ilayda schon wieder auf die Straße gepfeffert«, schimpfte Michi los.

Papa hob Michi auf den Schoß. »Weißt du was? Das nächste Mal schreist du ganz laut, wenn der Ilayda zu nahe kommt.«

Michi nickte zwar, aber tief in ihm drin brodelte es. Der mit der schwarzen Jacke war ein Riese und Michi pupsig klein dagegen. Was sollte er da ausrichten?

Papa drehte zwei Runden auf dem Bürostuhl. Dann kam er mit Schwung zum Stehen und trug Michi zurück ins Bett.

Einschlafen aber konnte Michi nicht. Lange lag er wach und überlegte, was man gegen einen Großen ausrichten konnte, wenn man klein war.

Es war mitten in der Nacht. Der mit den Stehhaaren hatte sich Ilayda gepackt und schüttelte sie durch. Michi trat wie wild nach dessen Schienbein und schrie laut: »Hiiilfeee!«

Aber niemand kam.

Der Stehhaarkerl lachte dreckig und packte sich jetzt auch Michi. Mit Kraft schleuderte er ihn Richtung Straße.

Michi hatte das Gefühl zu fliegen – und dann ging es nur noch abwärts. Er fiel und fiel und fiel.

»Aaahhhhhh!« Mit einem lauten Schrei wachte Michi auf. Vorsichtig befühlte er seinen linken Arm und beide Knie. Gut, ich bin heile, dachte er und schüttelte sich.

»Hallo! Aufwachen!« Papa stand vor Michis Bett. »Hast du geträumt?«

Jetzt erst öffnete Michi die Augen. »Diesmal bin ich auch auf der Straße gelandet.«

Papa sah Michi ernst an.

»Weißt du was?«, sagte Michi. »Wenn ich groß bin, werde ich Polizist und verhafte den mit der schwarzen Jacke.«

»Weißt du was?«, sagte Papa. »Es passt mir gar nicht, dass du schlecht träumst wegen diesem blöden Typ.«

»Mir auch nicht«, pflichtete Michi bei. »Ich kann Besseres träumen als so was.«

»Das meine ich auch. Und deshalb nehm ich mir diesen Traumstörer morgen zur Brust!«

»Im Traum?«

»Nein. In echt!«

Papa war zu allem entschlossen. Das konnte Michi spüren.

So kam es, dass Papa am nächsten Tag Punkt 14 Uhr auf der roten Backsteinmauer vor dem Kindergarten saß.

»Und wo ist die Maus?«, begrüßte er Michi.

»Die Maus heißt Ilayda und müsste auch gleich da rauskommen.« Michi zeigte auf die Tür zum Kindergarten, die sich gerade öffnete.

»Hallo, Ilayda.« Papa war von der Mauer gesprungen. »Laufen wir heute gemeinsam?«

Zum Glück hat Papa nicht »hallo, Maus« gesagt, dachte Michi.

»Würdest du den Jungen wiedererkennen, der dich gestern angerempelt hat?« Papa sah Ilayda fragend an.

»Nein, eigentlich hab ich den gar nicht gesehen. Das ging alles so schnell.«

»Ich weiß ganz genau, wie der aussieht. Der geht dir ungefähr bis zum Kinn, Papa.« Michi war stehen geblieben und überlegte angestrengt. »Der hat blonde Haare, so lang wie mein kleiner

Finger. Die stehen dem wie ein nasser Igel vom Kopf ab. Außerdem hatte er eine schwarze Jacke an. Und so ein dicker, roter Pickel saß auf seiner Nase.«

»Den müsste er heute immer noch haben«, grinste Papa.

Sie bogen auf die Straße ein und sahen schon von weitem, dass rund um die Bushaltestelle einiges los war.

»Da ist er!« Aufgeregt zupfte Michi Papa am Ärmel. »Der große Blonde da.«

»Sehr schön.« Papa beschleunigte seinen Schritt. »Dann wollen wir mal.«

Michi und Ilayda kamen kaum hinterher. Der Blonde kehrte ihnen den Rücken zu. Schon wieder war er am Rangeln. Prompt hatte Papa seinen Ellenbogen in der Seite, ohne dass der blonde Raufbold es überhaupt merkte.

»Hee, pass doch auf!«, beschwerte Papa sich.

Der Blonde drehte sich kurz um, sagte aber nichts.

Papa tippte ihm von hinten an die Schulter.

»Hä?«

»Ich wollte mal sehen, wie ein echter Feigling aussieht.« Papa schaute dem Großen in die Augen.

»Was'n los?«

»Das weißt du ganz genau.« Papa wandte sich jetzt an die anderen Jugendlichen: »Findet ihr das eigentlich cool, wenn so ein langer Lulatsch ein kleines Mädchen auf die Straße schubst und dann wegläuft?«

Die Herumstehenden brummelten etwas Unverständliches vor sich hin und guckten betreten.

Papa schaute wieder den mit den blonden Stehhaaren an: »Wie heißt du eigentlich?«

»Das geht Sie gar nichts an!«

»Ich glaube schon. Wenn du nämlich noch ein einziges Mal diese beiden oder ein anderes Kind vom Gehsteig drängelst, stehe ich vor deiner Haustür und rede ein paar Takte mit deinen Eltern.« Papa rückte ein Stück näher an den Blonden heran. »Und dann komme ich nicht alleine, sondern in Begleitung von den Männern in Grün, verstanden?«

Der Blonde wich einen Schritt zurück.

»So. Und nun wirst du dich bei dieser kleinen Mau-, äh, bei dieser jungen Dame entschuldigen.«

Der blonde Lulatsch rührte sich nicht.

Ein Mädchen, das dicht neben ihm stand, verpasste ihm einen Rippenstoß. »Na los, Sascha, mach schon!«

Der Blonde, der also Sascha hieß und mittlerweile rote Ohren bekommen hatte, blickte Ilayda an, verzog das Gesicht und nuschelte: »'tschuldigung.«

»Sehr schön«, nickte Papa. »Und jetzt pass mal gut auf: In Zukunft wirst du darauf Acht geben, dass kleinere Schüler hier vorbeikommen, ohne dass irgendjemand sie auch nur berührt. Hast du das verstanden?« Papa blickte Sascha unverwandt in die Augen.

Der senkte den Blick. »Ja, klar.«

»Dann macht jetzt bitte Platz, damit wir ungestört vorbeikönnen.« Die Jugendlichen wichen zur Seite und ließen in ihrer Mitte einen Fußweg frei. Papa warf dem Blonden noch einen finsteren Blick zu, nahm Michi und Ilayda bei der Hand und schritt zwischen Sascha und seinen Leuten hindurch.

An der Ecke verabschiedeten sich Michi und Papa von Ilayda. »Vor dem musst du keine Angst mehr haben«, sagte Papa.

Ilayda strahlte: »Der war plötzlich so klein mit Hut!«

»Noch kleiner!«, strahlte auch Michi. »Und du hast uns *Schüler* genannt!«

Papa schmunzelte. »Das seid ihr ja auch bald.«

Am Abend war Michi noch immer mächtig stolz auf seinen Papa. »Dem hast du's gegeben!«

»Manchen Leuten muss man ganz deutlich die Meinung sagen«, nickte Papa. Dann schnappte er sich das Ritterbuch, kuschelte sich neben Michi ins Bett und las vor.

Schon nach wenigen Seiten fielen den beiden die Augen zu.

»Michi, Michi!« Papa hatte im Schlaf gerufen.

»Papa, was ist denn?« Michi blinzelte Papa erstaunt an.

Der stöhnte heiser: »Oh, Mann. Ich hab geträumt, dass du auf die Straße gefallen bist und ein Auto kam.«

»Quatsch mit Soße. Ich hatte Ilayda fest an der Hand. Als der blonde Lulatsch kam, hab ich ihn einfach beiseitegeschoben.« Michi sah Papa mit gerunzelter Stirn an: »Und jetzt muss ich weiterschlafen. Morgen ist Kindergarten. Wenn du nicht schlafen kannst, Papa, dann geh doch in dein Bett.«

Papa schüttelte den Kopf, musste müde lächeln und schlappte verschlafen in sein Zimmer.

Michi, Papa und das schlechte Gewissen

Ostern war vorbei und Michi war reich.

Er hatte hier fünf Euro von Papas Geschäftsfreund bekommen, da zehn Euro von einem Großonkel, zwei Euro von einer Nachbarin und so weiter und so weiter. Schließlich konnte Michi fünfzig Euro in sein Sparschwein stecken.

»Alle Achtung!«, sagte Papa anerkennend.

»Ich bin reich«, sagte Michi zufrieden. »Kann ich mir jetzt das Drachen-Skateboard kaufen?«

Michi hatte ein knallrotes Skateboard, auf dem ein rabenschwarzer Drache abgebildet war, bei *Spielzeug-Maier* gesehen. Michi liebte es, vorm Schaufenster zu stehen und zu gucken, und noch viel mehr, in den Laden hineinzugehen und zu stöbern.

»Noch nicht ganz, das Drachen-Skateboard kostet 59 Euro«, sagte Papa. Dir fehlen neun Euro.«

»Zusammen mit meinem Taschengeld aber schon«, überlegte Michi. »Jeden Sonntag bekomme ich von dir einen Euro.« Papa nickte. Michi zählte an den Fingern ab: »Dann habe ich es in neun Sonntagen geschafft!«

»Das sind noch neun Wochen«, sagte Papa. »Weißt du was? Von mir bekommst du fünf Euro dazu, wenn ich auch mal fahren darf.«

»Na klar!« Michi strahlte: »Ganz bald kauf ich mir das Drachen-Skateboard!«

Eines Tages aber, auf dem Nachhauseweg vom Kindergarten, entdeckte Michi im Schaufenster bei *Spielzeug-Maier* noch etwas viel Interessanteres: Einen Monstermann.

Er war etwa 30 Zentimeter groß und eine Mischung aus Monster und Mensch. Über dem Gesicht mit den spitzen Zähnen trug er

eine unheimliche Totenkopfmaske, die man aufklappen konnte. Das Gesicht unter der Maske war fast noch scheußlicher: Rot mit nur einem Auge. Monstermanns muskulöser Körper steckte unter einem Brustpanzer und in jeder Hand hielt er eine Waffe.

Michi war begeistert.

»Ich muss dir unbedingt was zeigen!«, rief er Papa zu, als er nach Hause kam. »Im Spielzeugladen gibt's was ganz Tolles.«

Papa hatte zu tun und war nicht sehr angetan. Er ließ sich aber erweichen und ging nachmittags mit Michi in den Spielwarenladen.

»Das ist *Monsteragent*«, sagte Herr Maier, der Spielzeughändler. Geschäftstüchtig demonstrierte er Michi und Papa die Figur. »Drückt man hier am Bauch, beginnt das Auge zu leuchten, drückt man auf den Armknopf, leuchten die Laserpistolen. Das ist das Allerneuste.«

Michi war fasziniert. »Papa, kann ich den haben?«

»Du hast doch noch gar nicht Geburtstag«, sagte Papa mit einem kritischen Blick auf Monsteragent.

»Aber ich hab Geld!« Michi drückte auf einen weiteren Knopf.

»Stopp! Hier spricht Monsteragent! Ergib dich!«, dröhnte eine hohle, blecherne Computerstimme aus dem kleinen Lautsprecher auf dem Rücken. Monsteragent konnte sogar einige steife Bewegungen mit den Beinen machen, kippte aber jedes Mal dabei um.

»Der kann sogar laufen!«, freute sich Michi.

»Nein, das kann er nicht. Er kippt um.« Papa war säuerlich.

Michi konnte seinen Blick von Monsteragent einfach nicht abwenden.

»Du willst dir doch von deinem Geld ein Skateboard kaufen«, erinnerte ihn Papa.

»Aber Monsteragent ist toller. Der kann sooo viel machen!«

»Von einem Skateboard hast du mehr.«

»Nein, von dem Monstermann hab ich mehr!« Michi stampfte mit dem Fuß auf. Plötzlich wünschte er sich nichts auf der Welt so sehr wie Monsteragent. Das Drachen-Skateboard war vergessen.

Herr Maier lächelte. »Die Kinder lieben Monsteragent.«

Michi nickte wie wild.

Papa wurde es in diesem Laden langsam unbehaglich. »Was kostet das Ding denn?«

»Das kostet ...«, Herr Maier drehte die Figur um und schaute auf Monstermanns Fußsohlen, »das kostet 34,90.«

»Über dreißig Euro für so einen Plastik-Mist?«, rutschte es Papa heraus. »Niemals!« Er nahm Michi bei der Hand.

»Doch! Den will ich aber haben!« Energisch schüttelte Michi Papas Hand ab.

»Vielen Dank, Herr Maier, aber ich bin gegen den Kauf dieses Monsters«, bedankte sich Papa höflich und streckte wieder die Hand nach Michi aus.

Der aber drehte sich weg.

So verließ Papa den Laden ohne Michi. »Du weißt ja, wo wir wohnen«, raunte er noch.

Herr Maier stellte Monsteragent mit einem zitronensauren Gesicht zurück ins Schaufenster. Michi stand unentschlossen mitten im Laden. Er wollte ihn nicht ohne Monstermann verlassen, alleine mit Herrn Maier wollte er aber auch nicht zurückbleiben. Ohne einen Cent in der Tasche.

Michi war wütend. Und was er
jetzt tun sollte, das wusste er nicht. Also
heulte er einfach los und trollte sich schließlich
aus dem Laden.

Papa war schon ein kleines Stück weit vorgelaufen und drehte sich gerade nach Michi um. Michi blieb stehen. Er war so ärgerlich, dass er auf keinen Fall neben Papa gehen wollte. In gebührendem Abstand schlappte er hinter ihm her, den ganzen Weg bis nach Hause. Mit meinem Geld kann ich doch machen, was ich will ..., brodelte es in Michi.

Papa stand vor dem Casa Rosa und schwatzte mit Emiliano, als Michi mit finsterer Miene angetrottet kam. »Hola, Michael!«, begrüßte ihn Emiliano.

Michi hob nicht einmal den Kopf.

»Wegen so einem doofen Monstermann machst du solch ein Gesicht!«, dröhnte Emiliano gespielt vorwurfsvoll.

Michi verzog keine Miene. Und kaum war die Haustür geöffnet, witschte er durch den Türspalt und stob Richtung Wohnung davon.

Drinnen warf sich Michi auf sein Bett. Er konnte und wollte nur noch an Monsteragent denken. Bis er einschlief.

»H-a-l-l-o M-i-ch-i!«

Michi blickte um sich. Wer hatte ihn gerufen?

»Hie-rr un-ten!«

Michi guckte auf den Fußboden. Da stand Monsteragent wie ein kleiner Robotersoldat und hob grüßend den Arm. »Hallo?« Verwundert betrachtete Michi die Figur. »Du kannst ja reden!«

»Ich w-i-ll m-i-t d-i-r sp-ie-len.«

»Jaaa! Wir können ein Wettrennen machen.« Schon war Michi auf den Beinen. »Wer zuerst in der Küche ist!«

Der Monstermann war schnell. Wie ein Blitz sauste er scheppernd an Michi vorbei und landete mit einem sagenhaften Sprung mitten auf dem Küchentisch.

»Das hast du gut gemacht!« Michi war beeindruckt. Dann blickte er die kleine Plastikfigur prüfend an. »Kannst du auch einen Salto machen?«

Die Augen von Monstermann begannen zu blinken, dann holte er Schwung und machte einen Salto vorwärts.

»Nochmal!«, schrie Michi. »Noch mal!«

Zack! Zack! Zack! Monsteragent sprang einen perfekten Salto nach dem anderen.

»Toll!« Michi hopste auf und ab und klatschte in die Hände. Der Monstermann tat es ihm nach.

»Fußball! Jetzt spielen wir Fußball!« Michi rannte in sein Zimmer, um den Ball unterm Bett hervorzuholen. Der Plastik-Supermann war noch vor Michi da, robbte unter das Bett und ließ den Ball genau vor Michis Füße kullern.

»Achtung, Monsteragent! Ich schieße!!!« Michi holte mit dem rechten Bein aus…

»Michi, aufwachen!« Sanft streichelte Papa Michis Wange. »Der Kindergarten wartet auf dich.«

»Kindergarten?« Er wollte doch gerade noch mit Monstermann Fußball spielen … »Schade!«, entwich es Michi.

»Schade?« Papa schüttelte den Kopf und legte Michi frische Anziehsachen auf dem Bett zurecht.

»Schade, dass die Nacht vorbei ist«, murmelte Michi, aber von seinem Traum erzählte er Papa nichts. Der fand Monsteragent ja doof. Ich aber nicht!, dachte Michi beim Anziehen. Ich finde ihn toll. Basta!

Und so kam es, dass Michi eine Heimlichkeit beging. Eine Heimlichkeit, von der niemals nie jemand wissen durfte.

Vor allem nicht Papa.

Michi plünderte sein Sparschwein und stopfte sich so viele Münzen und Scheine in seinen Geldbeutel, bis der kaum noch zuging. Das sollte für den Monstermann reichen.

Nach dem Kindergarten lief Michi wie gewöhnlich mit Ilayda nach Hause. »Kommst du noch mit zum *Spielzeug-Maier*?«

Klar, Ilayda kam mit.

Michi zeigte auf den Monstermann und sagte zu Herrn Meier: »Den will ich haben.«

»Weiß denn dein Papa, dass du den Monsteragenten kaufst?«, erkundigte sich der Händler.

Michi nickte. Aber sein Herz klopfte so laut, dass es eigentlich alle Welt wie ein Pochen an der Tür hören musste.

»Na schön, wenn das so ist …« Herr Maier zählte das Geld aus Michis Geldbeutel. Es reichte. Es waren sogar noch über zwei Euro übrig. »Willst du noch etwas Süßes dafür?«, fragte Herr Maier und kräuselte freudig seinen Schnurrbartmund.

Wieder nickte Michi.

Herr Maier überreichte Michi eine große Tüte, in dem der Monsteragent steckte, und zwei bunte Süßigkeiten-Mischungen für je einen Euro. Michi schenkte Ilayda ein Tütchen. Dann gingen sie nach Hause.

Doch es war komisch. Kaum war Michi aus dem Laden raus, beschlich ihn das Gefühl, dass Monsteragent vielleicht doch nicht so toll war.

Und es gab ein Problem: Wie bloß sollte er Monsteragent ungesehen in sein Zimmer bringen? Um in die Kindergartentasche zu passen, dafür war Monsteragent viel zu groß. Und Papa öffnete Michi doch immer die Wohnungstür. Er würde sofort die Tüte an seinem Arm sehen.

Michi dachte angestrengt nach. Er passte gar nicht mehr auf, was Ilayda ihm fröhlich plappernd alles erzählte. Da kam ihm eine Idee: Er würde klingeln, die Haustür würde sich summend öffnen. Blitzschnell würde er dann zu den Mülltonnen im Hof laufen und die Tüte zwischen den Tonnen verstecken. Später geh ich dann zum Spielen runter, überlegte Michi, und hol die Tüte nach oben.

»Wo warst du denn so lange?«, fragte Papa, als Michi ohne Tüte in der Hand die Treppen zur Wohnung hochlief.

»Ach…ich hab mir beim *Spielzeug-Maier* noch was Süßes gekauft.«

»Hast du deinen Monsteragent jetzt verdaut?«

»Hmmm«, war alles, was Michi herausbrachte.

Papa wuschelte Michi durchs Haar. »Du wirst sehen, mit dem Drachen-Skateboard wirst du viel Spaß haben.«

»Hmmm ...«

Michi hatte kaum Hunger. In Gedanken war er bei seinem Monstermann. Er konnte es kaum erwarten, ihn endlich hochzuholen und auszupacken.

Nach dem Essen war die Gelegenheit. Erst kramte Papa noch in der Küche, dann ging er nach unten ins Büro.

Michi rannte in den Hof und brachte den Monsteragenten in sein Zimmer. Schnell machte er die Tür hinter sich zu. Mit klopfendem Herzen packte er die Figur aus und drückte hastig auf die Knöpfchen. Schließlich könnte Papa jeden Moment wiederkommen …

Aber was war das? Die Knöpfe funktionierten nicht! War da am Ende keine Batterie drin? Batterien hatte Michi nicht und Papa konnte er danach nicht fragen. Ohne Batterie war der Monsteragent völlig witzlos. Nirgends leuchtete er und laufen konnte er auch nicht.

Plötzlich hörte Michi Papas Schritte im Flur.

»Michi?«, rief es.

Blitzschnell riss Michi den Kleiderschrank auf und stopfte den Monstermann hinter die Pullis. Krachend schlug er die Schranktüren wieder zu.

Eine Sekunde später stand Papa im Zimmer. Michi zuckte zusammen.

»Was ist denn mit dir los?«

»Ach, nichts«, murmelte Michi und hockte sich aufs Bett.

»Bist du immer noch traurig wegen dem Monster-Dings?«

»Neeeeee«, gab Michi von sich und begann, lustlos in einem Buch zu blättern.

Papa sah ihn stirnrunzelnd an.

Der Abend kam und Papa brachte Michi ins Bett. Michi war es mulmig. Brav und schweigsam kletterte er unter die Bettdecke. Der Monstermann lag noch immer im Schrank. Michi hatte überhaupt keine Lust auf ihn. Sollte das Ding doch bleiben, wo es ist.

Einschlafen konnte Michi aber auch nicht. Und so schlich er sich doch noch mal aus dem Bett und zog Monsteragent unter den Pullis hervor. Mit aufgerissenem Mund glotzte er Michi an. Die Plastikbeine standen starr auseinander und die Arme mit den Laserpistolen zeigten auf Michi. Michi entwich ein Seufzer. Schnell stopfte er Monsteragent zurück in den Schrank und kletterte wieder ins Bett. Mit hellwachen Augen blickte Michi zur Decke und grübelte: Was soll ich nur machen ...?

Eine ganze Weile lag Michi noch wach. Dann endlich kam der Schlaf und holte ihn ab.

Michis Schrank wackelte und rüttelte, als wollte etwas darin ausbrechen. Michi stemmte sich gegen die Schranktür, damit das, was da herausdrängte, bloß drinblieb. Dann aber spürte er, wie seine Arme dem starken Druck von innen nachgaben und sich die Schranktür öffnete.

Wer die Tür geöffnet hatte, sah Michi nicht. Aber er wusste, dass nur Monsteragent es gewesen sein konnte.

Michi wachte auf. Er hatte ein scheußlich flaues Gefühl im Bauch. So, als ob er sich lange im Kreis gedreht hätte. »Papa«, rief er leise, »Papaaa!«

Papa kam. Er hatte noch am Computer gesessen und die Rufe gehört.

»Ich hab Bauchweh«, wimmerte Michi.

Papa strich Michi über den Bauch, dann über die Stirn. Er überlegte. »Du gefällst mir heute den ganzen Tag schon nicht. Ich mach dir eine Wärmflasche, vielleicht hilft das.«

Die Wärmflasche und Papas Zuwendungen halfen. Aber nicht lange. Michi wachte noch einmal auf, lief zu Papa und kuschelte sich wortlos neben ihn.

»Immer noch Bauchweh?«, brummte Papa verschlafen.

»Mein Kopf tut mir auch weh.« In Wirklichkeit hatte Michi wieder von seinem scheppernden Schrank geträumt und war von diesem komischen Gefühl im Bauch aufgewacht. Als ob da Watte drin wäre. Plötzlich wollte Michi ganz nah bei Papa sein und ihm am liebsten alles sagen.

Aber das ging nicht. Papa würde sicher fürchterlich schimpfen.

»Bist du krank?«, fragte Papa am Morgen. »Du siehst ein bisschen mitgenommen aus.«

Michi nickte. »Ich glaub, ich kann heute nicht in den Kindergarten gehen.«

»Das ist komisch. Du hast kein Fieber, keinen Schnupfen, kein Halsweh ...« Michi sah, dass Papa für einen Moment die Augenbrauen krausgezogen hatte, und steckte seine Nasenspitze unter die Bettdecke.

»Hast du was angestellt?« Wieder hatte Papa diesen forschen-
den Blick.

»Nein! Nein, nein«, sagte Michi viel zu laut und viel zu hastig.

Papas Augenbraue zuckte.

Das genügte. Die Tränen rollten über Michis Wangen. Schluchzend warf er sich in Papas Arme.

Papa drückte Michi an sich. »Ist es wegen diesem 35-Euro-
Dings bei dir im Schrank?«

Michi schaute Papa verdutzt an. »Du weißt das?«

»Na, was glaubst du, wer deine frischen Pullis und T-Shirts in
den Schrank legt?« Papa musste grinsen. »Dieser Monstermann
bestimmt nicht.«

Michi schüttelte hastig den Kopf. »Und ja. Es ist wegen dem
Monster-Dings«, schniefte er, und dann weinte er, was die Tränen
hergaben. Seltsamerweise ging es Michi mit jedem Schnief besser
und die Watte in seinem Bauch schien sich aufzulösen.

Eine ganze Weile saßen Michi und Papa aneinandergekuschelt
da. Dann wurde Papa wieder ernst: »Das war oberblöd von dir, das
Ding einfach zu kaufen.«

Michi nickte. »Oberblöd.«

»Ich bin deshalb echt enttäuscht!«

Michi ließ einen Schluchzer fahren. Wieder kullerten ihm Tränen über die Wange.

»Aber…«, Papas Stimme klang jetzt wieder freundlicher,
»… aber ich glaube, dein schlechtes Gewissen hat dich schon genug für deine Heimlichtuerei bestraft.«

»Gewissen?« Michi wusste nicht, was das war.

»Na, dieses schlimme Gefühl im Bauch, wenn man etwas nicht

richtig gemacht hat und das auch noch ganz genau weiß. Das heißt *schlechtes Gewissen*.«

Michi nickte. »Ja. Das ist schlimm im Bauch. Das will ich nie mehr haben. Und den Monstermann will ich auch nicht mehr haben!«

»Den werden wir auch zurückbringen zu *Spielzeug-Maier*.«

»Geht das denn?«

»Und ob! Der Nächste, der Bauchweh bekommen sollte, ist dieser Maier. Der darf dir das Ding nämlich gar nicht verkaufen.«

»Darf der nicht?«

»Nein. Du bist ja erst fünf Jahre alt und noch überhaupt nicht geschäftsfähig!«

»Was ist geschäftlich?«, fragte Michi.

»Das bedeutet, dass du ohne meine Erlaubnis gar nichts kaufen darfst. Deshalb hab ich auch auf diesen Maier eine Sauwut!«

»Aber auf mich auch, oder?«

»Schon ein bisschen«, gab Papa zu. »Deswegen wird es auch erst mal kein Drachen-Skateboard geben. Aber das Geld dafür holen wir uns noch heute zurück.«

Gesagt, getan. Statt in den Kindergarten gingen Michi und Papa zu *Spielzeug-Maier*. Kleinlaut nahm Herr Maier Monsteragent entgegen und händigte Papa das Geld wieder aus.

Michi schämte sich, aber trotzdem ging es ihm von Minute zu Minute besser. Und am allerbesten ging es ihm, als der Monstermann wieder im Schaufenster stand und die dicke Glasscheibe ihn von Michi trennte. »Auf Wiedersehen, schlechter Gewisser!«, rief Michi und nahm Papas Hand.

Am nächsten Tag wachte Michi gut gelaunt auf. Er fühlte sich so leicht, als könne er fliegen.

In der Wohnung war es noch leise. Michi lief zu Papa rüber: »Papa, aufstehen! Es ist der nächste Morgen!«

Papa wälzte sich verschlafen auf die Seite. Er hatte Augenringe und seine Haare standen kreuz und quer.

»Bist du krank, Papa?«

»Neeein«, brummelte der.

»Hast du ein schlechter Gewisser?«

Papa zuckte zusammen und sah Michi schuldbewusst an. »Kann sein! Ich bin mit einer Arbeit nicht fertig geworden, die ich heute abgeben muss.«

Michi sah Papa mitleidig an. »Bist du überhaupt schon geschäftlich?«

»Leider bin ich voll geschäftlich!«, seufzte Papa und krabbelte aus dem Bett.

Dann musste er grinsen. Michi machte ihm einfach gute Laune. »Ran an die Arbeit, der schlechte Gewisser muss vertrieben werden!« Damit schnappte er sich Michi und trug ihn wie einen Mehlsack über der Schulter ins Bad.

»Achtung, schlechter Gewisser! Papa und Michi kommen!«, johlte Michi und brach in lautes Kichern aus.

Michi, Papa und der Schlafräuber

Tante Greta fiel im Casa Rosa ein wie ein Wirbelwind. Unangemeldet. Wie immer. Mit einem Räubergeschichtenbuch für Michi und einer Flasche von Papas Lieblingsrotwein unterm Arm stand sie eines Tages einfach vor der Tür und strahlte.

Tante Greta war Papas Zwillingsschwester. Papa war 42 Jahre alt und Greta natürlich auch. Aber sie sah viel jünger aus, obwohl sie ganze drei Minuten älter war. Wahrscheinlich kam das von den schulterlangen, braunen Haaren und den großen, braunen Augen mit den langen Wimpern. Lachte Tante Greta, entstanden um die Augen herum lauter kleine Fältchen. Und weil sie sehr viel lachte, blieben die Fältchen einfach stehen, auch wenn sie gerade einmal ernst war.

Tante Greta war kleiner als Papa, dafür aber sehr viel schicker. Meistens trug sie Kleider oder Röcke mit klackernden Schuhen, manchmal aber auch Jeans und Westernstiefel, ganz nach Lust und Laune.

Mit Kleidern kannte Greta sich aus, denn das war ihr Beruf: Kleider erfinden in immer neuen Formen und Farben und Mustern. Die reichsten und berühmtesten Frauen kauften bei Tante Greta ihre Kleidung. Sogar die Königin von Schweden trug einen Mantel von *Greta Pracht*.

»Klar«, sagte Papa. »Die Frauen wollen genauso gut aussehen wie Greta, deshalb kaufen sie ihre Kleider.«

»Tante Greta ist aber die schönste von allen«, fand Michi.

Tante Greta war einfach toll. Wenn sie den Raum betrat, ging die Sonne auf. Jedenfalls beinahe immer. Für einen kleinen Augenblick konnte sie auch fast ein bisschen traurig werden. Papa nannte das ihre »Melancholie«. Aber Michi mochte auch die. Es war, als ob Greta eine kleine Pause einlegen würde, um im nächsten Moment wieder ihre Funken sprühen zu lassen.

»Komm, wir machen es uns gemütlich«, sagte Tante Greta, legte sich auf das Sofa und wartete, bis Michi sich zu ihr gekuschelt hatte. Tante Greta konnte stundenlang vorlesen. Aber nicht aus jedem Buch. Die Bücher brachte sie immer selbst mit.

Dieses Mal war also ein Räubergeschichtenbuch dran. »Her mit dem Geld!«, brummte Tante Greta, so tief sie konnte. Das Ende einer Haarsträhne hatte sie sich zwischen Nase und Mund geklemmt. »Aber ich habe doch gar kein Geld«, wisperte sie wie das arme Opfer aus der Geschichte. »Dann trage mich ein Stück!«, brüllte sie wieder mit der lauten, tiefen Stimme des Räubers und riss die Augen auf.

Michi musste kichern und dafür kitzelte Tante Greta ihn aus. So endete es immer. Wenn Tante Greta vorlas, bebte das Sofa, als ob mindestens zehn Schauspieler ein Bühnenstück aufführten, und Michi wand sich vor Lachen.

Papa waren Tante Gretas Vorlesestunden viel zu laut. Er verdrückte sich dann lieber in sein Büro. Aber wohin er sich auch verzog, Tante Gretas Funken sprühten bis dahin.

Am Abend saß Tante Greta mit Papa und Emiliano bei Kerzenschein und Rotwein in der Küche. Michi lag dann schon im Bett und horchte auf das Lachen der drei.

Natürlich konnte er nicht schlafen. Zu gerne hätte er mit am Tisch gesessen. Aber nur sehr selten erlaubte Papa fünf zusätzliche »Küchenminuten«. Dann saß Michi bei Tante Greta auf dem Schoß, schmiegte sich an sie und hörte den Erwachsenen zu.

Morgens sorgte Tante Greta dafür, dass Michi und Papa ordentlich frühstückten. Das konnte sie gut, denn Greta schlug die Augen auf und war von einer Sekunde auf die andere hellwach.

Nach drei Tagen war der Spuk wieder einmal vorbei. Tante Greta reiste ab und Papa atmete auf. Michi hingegen war ein bisschen traurig.

»Wann kommt Tante Greta wieder?« Michi trug seinen Schlafanzug und ließ sich von Papa zudecken.

»Dann, wenn sie wieder vor unserer Tür steht.«

»Und wann steht sie wieder vor unserer Tür?«

»Wenn sie alle feinen Damen hübsch gemacht hat«, grinste Papa. »Und jetzt: Gute Nacht!«

Die Müdigkeit kam und nahm Michi mit in den Schlaf. Doch mitten in der Nacht wachte er auf. »Das ist ja ein Ding!« Michi saß kerzengerade im Bett und schimpfte. »Papa, Papaaa!« Gerade wollte er noch einmal rufen, da ging in Papas Zimmer das Licht an.

»Was ist das für ein Geschrei mitten in der Nacht?« Papa stolperte schlaftrunken über den Gang, setzte sich auf die Bettkante und guckte Michi wie einen Außerirdischen an.

»Geschrei? Würdest du vielleicht nicht schreien, wenn ein Räuber in dein Zimmer kommt?!«

»Doch, ja, ja, bestimmt«, knotterte Papa.

»Der hat sogar mein Fahrrad mitgenommen!« Michi zupfte fahrig an Papas T-Shirt.

»Ein Räuber? Dein Fahrrad? Kann ich mir gar nicht vorstellen.« Papa strich Michi über den Kopf. »Das Licht hat ihn vertrieben. Schlaf schön weiter.« Papa gähnte ausgiebig. »Und wenn der Kerl sich hier noch mal blicken lässt, schnappe ich ihn mir. Piff, paff, poh, dem gebe ich eins auf die Nase!« Matt boxte Papa mit seinen Fäusten in die Luft.

»Ich habe aber Angst«, beharrte Michi. Von wegen piff, paff, poh! So müde, wie Papa aussah, war der Räuber längst über alle Berge, bis Papa sich aus dem Bett geschält hatte. Und bis dahin hatte er sicher noch viel mehr in seinen Sack gesteckt. Vielleicht sogar Michi selbst!

»Hier kommt kein Räuber rein«, probierte es Papa noch einmal. »Der klettert nur durch deinen Traum, das weißt du doch.«

»Das weiß ich gar nicht! Echte Räuber kommen auch immer im Dunkeln, weil man sie da nicht so gut sehen kann.« Michi guckte Papa eindringlich an.

»Ausgerechnet um drei Uhr in der Nacht?« Papa seufzte, gab Michi ein Zeichen, dass er rutschen sollte, und legte sich neben ihn. Erleichtert umklammerte Michi Papas Oberarm.

Ein paar Stunden hatten sie geschlafen, da war Michi wieder wach.

»Papa, Papa, er war wieder da!« Michi boxte Papa ohne Vorwarnung in die Seite.

Der wachte ruckartig auf. »Aua!«

Michi war aufgebracht: »Der hat meine Bücher eingepackt! Und du schläfst einfach so vor dich hin!«

Papa krabbelte auf allen vieren zur Stehlampe und knipste das Licht an. Michis Bücher standen unberührt im Regal. Wortlos zeigte Papa auf die bunten Buchrücken.

»Ja, ja«, wehrte Michi ab. »Der Räuber war aber da!«

»Wie sieht dieser Schuft denn aus?«, wollte Papa wissen.

»Das kann ich dir genau sagen.« Michi schaute Richtung Decke und grübelte. »Der hat lange, rote Zottelhaare. Und eine dicke Kartoffelnase mit Sommersprossen und … einen ganz struppigen

Bart.« Michi kratzte sich am Kopf. »Als Sack hatte er einen alten Bettbezug dabei. Da wollte er meine Bücher reinstecken.«

»Aha! Er *wollte* die Bücher in den Sack stecken, er hat es aber nicht getan.« Papa kroch wieder zurück ins Bett.

»Aber fast!«, blieb Michi stur. »Er wollte. Das weiß ich!«

»Und ich weiß, dass wir nun schlafen müssen, sonst habe zumindest ICH morgen sehr schlechte Laune.« Papa ließ einen tiefen Seufzer fahren. »Wir schlafen jetzt weiter, bis unser Wecker klingelt. Und morgen machen wir einen Plan, wie wir den Räuber fangen.«

»Na gut«, nickte Michi und kuschelte sich in die Kissen.

»Falls dieser rote Räuber dich heute Nacht wieder besucht, wird er sein blaues Wunder erleben!« Papa stand in der Tür zum Kinderzimmer und guckte nach oben, wo Michi sich in seinem Aussichtskorb zurechtgelümmelt hatte.

»Und was soll das für ein Wunder sein?«, wollte Michi wissen.

»Na, wenn der kommt, bin ich schon da! Sobald ich den Zottelkerl sehe, schnappe ich ihn mir. Von hinten, mit Polizeigriff.«

»Hast du auch Handschellen?«

»Nein, Handschellen hab ich nicht…«, Papa hob einen Arm und ließ seine Muskeln spielen, »…aber Kraft!«

»Und schlau sind wir auch!«, freute Michi sich.

»Das sowieso«, nickte Papa. »Meine hohe Intelligenz ist bei allen Räubern gefürchtet.«

Samt Jeans legte sich Papa an diesem Abend neben Michi ins Bett. »Damit ich mich nicht erst anziehen muss, wenn dieser hundsgemeine Störenfried kommt«, erklärte er.

Das gefiel Michi. Mit Papa an der Seite kannte er keine Angst.

Und das war gut so. Der zottelige Räuber erschien tatsächlich wieder in Michis Traum. Diesmal machte er sich am Kühlschrank zu schaffen. Das Marmeladenglas in der einen Hand, schnappte er sich mit der anderen ein großes Stück Käse. Gierig biss er hinein und kaute laut schmatzend.

Michi wollte gerade nach Papa rufen, da sah er, wie Papa sich bereits von hinten an den Räuber heranschlich und ihn am Kragen packte. »Da hab ich dich, du gemeiner Dieb!«

Vor lauter Schreck ließ der Räuber das Marmeladenglas fallen und ging in die Knie.

»Was bildest du dir eigentlich ein, du feiger Schlafräuber?!« Papa hatte dem Rothaarigen den Arm auf den Rücken gedreht, sodass der sich kaum noch rühren konnte. »Michi, ich habe ihn!«

Der Zottelige fing an zu jammern: »Lass mich los, aua, aua!«

»Das muss Michi entscheiden.« Papa hatte einen barschen Ton angeschlagen.

Michi trat hinzu. »Das ist er!«

»Was willst du mit ihm machen, Michi? Vielleicht der Polizei ausliefern?«

»Oh, nein! Keine Polizei, bitte, bitte! Ich will nicht ins Gefängnis!« Der Räuber machte ein entsetztes Gesicht und wimmerte.

»Jetzt jammerst du«, schimpfte Michi. »Aber in der Nacht herumschleichen und meine Sachen klauen, das kannst du!«

»Wuhuuu, bitte, bitte, lasst mich los!«

Michi guckte zu Papa. »Erst soll er mir sagen, was er mit meinem Fahrrad gemacht hat. Dann können wir ihn ja laufen lassen. Aber nur, wenn er uns verspricht, dass er niemals wiederkommt!« Jetzt sah Michi den Räuber geradewegs an: »Na, wo hast du es versteckt, mein Fahrrad?«

»Ich hab es wieder in den Hof gestellt. Ehrenwort! Bin nur eine klitzekleine Runde gefahren mit dem Fahrrad. Ich schwöre es!« Plötzlich sah der Zottelige ganz kläglich aus.

Flink kletterte Michi über die Arbeitsplatte zum Fensterbrett und sah in den Hof. »Er hat Recht. Da unten steht mein Fahrrad!« Schnell wie ein Wiesel baute sich Michi wieder vor dem Räuber auf: »Gut, dass du die Wahrheit gesagt hast!«

»Wie kommst du hierher und wie heißt du überhaupt?« Den Räuber noch immer am Kragen seiner ausgebeulten Jacke gepackt, schüttelte Papa ihn kräftig durch.

Der Zottelige schien zu schrumpfen und blickte zu Boden: »Enzo Buzz. Ich komme aus dem Räubergeschichtenbuch von Tante Greta.«

»Das hab ich mir schon gedacht! An den hast du mich gleich erinnert«, sagte Michi.

»Na, toll«, sagte Papa. »Tante Greta mit ihren Abenteuerbüchern und ihrer lauten Vorleserei. Das haben wir jetzt davon. Das nächste Mal soll sie gefälligst Schneewittchen vorlesen. Schneewittchen ist wenigstens nett und hübsch.« Wieder schüttelte Papa den Kragen. Wieder schien der Zottelige ein Stückchen kleiner zu werden.

»Ich wollte mal was anderes erleben. Nicht immer nur die gleichen Geschichten«, jammerte Enzo Buzz.

»Und da marschierst du Nacht für Nacht zu uns, erschreckst kleine Jungs und räuberst unsere Marmelade? Was Besseres fällt dir wohl nicht ein?!« Papa war sauer.

»Aufräumen, Kuchen backen, waschen, putzen, bügeln. Hier gibt es viel zu tun.« Michi redete plötzlich wie die Großen und fuchtelte wild mit den Händen.

Räuber Enzo verzog das Gesicht und heulte los: »Uuuuhu, uuuuuuuuuuuuuuuuuuuuuuuuuuuuuuuhuuuuuuuuuuuuuuuuu-uuuuuuuuuhh!«

Es klang scheußlich.

»Was haben wir denn da?« Papa zog aus der Tasche der schmuddeligen Räuberjacke eine Flasche Rotwein. »Chateau-Neuf-du-Pape. Ich glaub es nicht! Das ist mein Wein. Mein guter Wein. Den hat mir Franz mitgebracht. Der ist von meinem Freund für MICH!« Papa war wie vom Donner gerührt. »Das geht entschieden zu weit, du heulender Teichpirat!«

»Hast du noch mehr versteckt?«, fragte Michi Enzo mit finsterer Mine.

Papa begann, die alte Räuberjacke abzuklopfen. Inzwischen war Enzo kaum größer als Michi. »Nein, nein, wirklich nicht, uhhhuuu«, beteuerte der Zottelige.

»Und was ist das? Meine Brille! Du unverschämter Strolch!« Noch einmal schüttelte Papa Enzo durch, dass er nur so schlackerte. Diesmal schrumpfte der Räuber auf die Größe eines Zweijährigen.

»Hab ich es mir doch gedacht, dass du nur so ein aufgeblasener Kerl bist!« Papa musste in die Hocke gehen, um Enzo in die Augen schauen zu können: »Ist das jetzt alles?«

Schluchzend zog der Räuber Michis elektrische Zahnbürste aus der Tasche. Sein Stimmchen wurde heller und heller. »Da. Damit wollt ich meine Ohren putzen.«

Michi und Papa mussten lachen: »Schlau bist du nicht gerade, stimmt's?«

»Neeeiiin …!« Unter Tränen schüttelte der Zottelige seinen Kopf.

Michi war jetzt ganz nahe an Enzo herangetreten. Der kleine Gauner reichte ihm nicht mal mehr bis zur Brust. »Wir lassen dich laufen.«

»Wir setzen dich an die Luft!«, bestätigte Papa.

»Neeeiiin, bitte nicht!« Enzo wand sich wie ein Fisch auf dem Trockenen.

Michi tat der Räuber fast ein bisschen leid. »Warte, du bekommst noch was von mir.« Michi kletterte auf den Küchenschrank und holte aus der Süßigkeitenkiste ein Täfelchen Schokolade. »Hier, aber jetzt musst du gehen.«

Hastig schnappte Enzo danach. »Ich will aber hierbleiben«, heulte er. Und leise fügte er hinzu: »Hier gibt es noch so viel schöne Sachen zu räubern …«

»Das habe ich gehört!« Papa hatte sich aufgestellt. Das Kerlchen baumelte jetzt mit zappelnden Füßen in der Luft und war nicht größer als ein Bleistift. Die Schokolade hielt er mit beiden Armen fest an sich gepresst.

»So, du rothaariger Schurke, und jetzt lass dich nie wieder blicken bei uns!« Papa übergab Michi den Räuberzwerg.

Der trug Enzo Buzz mit ausgestrecktem Arm zur Tür. »Puuh, der muss mal dringend in die Badewanne!«

Gemeinsam brachten sie den Miniräuber hinunter in den Garten. Dort stellte Michi Enzo auf den Boden: »Und jetzt weg mit dir!«

Schnell wie eine Maus verschwand der Winzling ins Gebüsch.

»Den sehen wir nie wieder.« Papa schloss die Tür und legte zufrieden den Arm um Michi. »Und falls er doch noch mal kommt, versenken wir ihn bis zum Hals in Quark.«

»Oder er kommt in ein Einmachglas und ich nehme ihn mit in den Kindergarten«, kicherte Michi.

Papa schlief noch, als Michi am Morgen aufwachte. »Den haben wir für alle Zeiten verjagt!«

»Was, wie, wer?« Grunzend wälzte Papa sich zur Seite – und mit einem lauten Plumps landete er auf dem Boden.

»Der Räuber ist geschrumpft und weggerannt wie eine ängstliche Maus!«

Blinzelnd rieb Papa sich den Ellenbogen. »Dann können wir ja ab jetzt wieder in Ruhe und Frieden schlafen. Das ist wunderbar.«

Michi grinste Papa über die Bettkante hinweg an.

Der schloss die Augen und atmete tief durch.

Michi, Papa und der Indianer-Geburtstag

Die Straßen waren wie leergefegt. Die Sommerferien hatten begonnen und die halbe Stadt war im Urlaub. Michi und Papa genossen die Ferien zuhause. Faulenzen, ins Freibad gehen, Eisessen und grillen. Die beiden ließen es sich gut gehen.

Heute war es besonders heiß. Über dem Asphalt flimmerte die Luft. Michi und Papa hatten im Schatten des Pflaumenbaums zu Mittag gegessen und nun reparierten sie im Hof Michis Fahrrad.

»Bald wirst du sechs Jahre alt«, sagte Papa.

»Wie oft muss ich noch schlafen bis zu meinem Geburtstag?«

Papa überlegte: »Bis zum achten August sind das…«, er setzte sich auf die Fersen und fuhr sich mit dem Handrücken über die schweißnasse Stirn, »… sind das noch elf Mal schlafen.«

»Elf Mal?« Michi überlegte. »Zwei ganze Hände und ein Finger?«

»Jawohl! Das ist nicht mehr lange.«

»Und meine Einladungen für den Kindergeburtstag?«

Papa drehte Michis Fahrrad um, setzte sich auf den Sattel und überprüfte die Bremsen. »Dafür wird es allerhöchste Zeit«, nickte er.

Die meisten Kinder, die Michi zu seinem Geburtstagsfest einladen wollte, waren leider verreist oder würden in den nächsten Tagen in Urlaub fahren. Nur Ilayda und Samu konnten kommen. Michi war enttäuscht. Doch Papa tröstete ihn – schließlich gab es noch Tante Greta, Onkel Franz und Emiliano. Sie alle würden zu Michis sechstem Geburtstag kommen. Was Papa für diesen Tag plante, verriet er aber nicht.

Noch drei Mal schlafen, noch zwei Mal schlafen, noch ein Mal schlafen. Endlich war der Geburtstagsmorgen da. Papa summte »Happy Birthday« und Emiliano pfiff dazu. Stolz kam er hinter Papa in Michis Zimmer. In seinen Händen balancierte er eine Kuchenplatte mit einem riesigen Schokokuchen. Sechs brennende Kerzen steckten darin. Noch im Bett sitzend, blies Michi sie aus.

Von Papa bekam Michi Inlineskates geschenkt und ein Buch. Es war die Geschichte von Winnetou, dem Häuptling der Apachen. »Ein Indianerbuch?«, fragte Michi. Das Bild auf dem Buch gefiel ihm gut. Es zeigte einen Indianer mit Federschmuck und freiem Oberkörper, der mit seinem schwarzen Pferd über die Prärie galoppierte.

Das Buch war schön, aber Emilianos Geschenk gefiel Michi noch besser. »Ein Taschenmesser!«, schrie er, als er das Papier abgewickelt hatte. »Danke, Emiliano!« Michi wiegte das zusammengeklappte Messer andächtig in seiner Hand. Es hatte einen glatten, braunen Holzgriff.

Papa schaute auf die Uhr: »In fünfzehn Minuten kommen die Gäste. Alle Geburtstagskinder: Abmarsch ins Bad!«

Im Garten standen Tante Greta, Onkel Franz, Ilayda und Samu. Allesamt waren sie verkleidet. Tante Greta trug ein ärmelloses Lederkleid mit Fransen, auf die bunte Perlen gefädelt waren. Ihre dunklen Haare hatte sie zu zwei schweren Zöpfen geflochten und um die Stirn trug sie einen bunten Kopfschmuck. Ilayda wiederum sah aus wie die kleinere Ausgabe von Tante Greta.

»Michetou!«, rief Tante Greta und schloss Michi in die Arme. »Ich bin Gretalititschi, das ist Ilayana, die Indianer-Prinzessin der Tahalitschis, und das hier ist Samutschi, der Häuptling der Babalas.« Samus Gesicht war über und über bemalt und auf seinem Kopf thronte ein bunter Federschmuck. Michi traute seinen Augen nicht. Sein bester Freund sah aus wie ein echter Indianerhäuptling!

»Hey, Michetou!«, lachte Onkel Franz und tippte sich mit dem Zeigefinger an einen großen, braunen Cowboyhut. »Alles Gute zum Geburtstag, alter Junge!« Franz trug ein kariertes Hemd und einen breiten Ledergürtel mit zwei Pistolenhaltern, aus denen jeweils ein Griff ragte. Seine Jeans steckten in ausgelatschten Cowboystiefeln, die Michi sofort beeindruckend fand. »Ich bin Old-Lazy-Leg«, sagte Onkel Franz.

»Das heißt so viel wie ›Fauler Hund‹«, übersetzte Papa.

Gretalititschi hatte auch für Michi, Papa und Emiliano wunderbare Kostüme und Schminke eingepackt. »Emiliano, du bist unser Mexikaner!«

Schwups. Schon hatte Emiliano einen Sombrero auf dem Kopf und einen breiten Pistolengürtel um die Hüfte. »Ich bin Gonzalez und sorge für Recht und Ordnung«, dröhnte er.

»Ein Indianerzelt, ein Indianerzelt!« Michi zeigte in den Garten. Da stand ein buntes, hohes Tipi. Die Holzstangen ragten über drei Meter in die Höhe.

»Das hat Old-Lazy-Leg persönlich aufgebaut.« Onkel Franz klopfte sich selbst auf die Schulter.

»Gretalititschi hat eine Überraschung für den jungen Häuptling«, verkündete Papa. Michi blickte gespannt in die Runde. Tante Greta war verschwunden. Das Gartentürchen stand sperrangelweit offen.

»Wo ist Tante Greta?« Michi sprang von einem Bein aufs andere.

»Ich komme!«, flötete Gretas Stimme aus einiger Entfernung. Es raschelte und klack, klack, klack, klack, klapperte es von jenseits der Gartenpforte. Tante Greta erschien, doch nicht allein: Hinter ihr zuckelte ein schwarz-weiß geflecktes Pony.

»Ein Pony!«, schrie Michi und sprang auf Tante Greta zu.

»Das, mein Sohn, ist *Schnelle Wolke*.« Papa sah Michi eindringlich an. »Der wilde Mustang wird das Geburtstagskind heute, aber NUR heute auf seinem Rücken tragen.«

»Oh«, entfuhr es Michi. »Das ist für heute mein Pony?!«

»Das ist das treue Pferd von Michetou, dem jungen Häuptling der Prachtlatschen«, flötete Gretalititschi und übergab Michetou feierlich den Führstrick. »Heute Abend muss ich *Schnelle Wolke* dem alten Farmer O'Schulze wieder zurückbringen.«

»Das gibt's doch nicht«, murmelte Michi ungläubig und streichelte *Schnelle Wolke* sachte über den Kopf.

Das gibt's doch nicht, dachte Michi noch
einige Male an diesem Tag.

Als die Sonne untergegangen war, entfachte Papa vor dem Tipi ein knisterndes Feuerchen, und sie grillten Maiskolben und Stockbrot.

Danach pflanzten sich Onkel Franz und Emiliano in die Liegestühle. Beide hatten ihre Hüte tief in die Gesichter gezogen und die Füße gemütlich hochgelegt. Sie machten sich einen Spaß daraus, so zu tun, als ob sie schliefen, während Michi, Samu und Ilayda versuchten, ungesehen an ihnen vorbeizuschleichen.

»Ihr Rothäute, jetzt hab ich euch!«, brüllte Onkel Franz und schnappte sich Michi. Die drei Ertappten kreischten vor Vergnügen und Nervenkitzel.

An diesem Abend ging Michi als Michetou ins Bett. Er brauchte eine Weile, bis er schlafen konnte. Immer wieder musste er an seinen Indianer-Geburtstag denken. Das war der allerschönste Tag seit langem gewesen.

Seine Träume führten Michi zurück in den Wilden Westen. Er war der Häuptling der Prachtlatschen und *Schnelle Wolke* war ein wilder, wunderschöner Mustang. Sie ritten über die Prärie.

Aber was war das?!

»Michetou, Michetou!«, rief Samutschi, der Häuptling der Babalas. »Michetou! Ilayana ist entführt worden! Von den Bleichgesichtern!«

Michetou sprang vom Pferd. »Was sagst du, mein roter Bruder?«

»Sie haben sie entführt und geben sie erst wieder heraus, wenn wir sie zum Goldsee der Prachtlatschen führen!«

»Papatschu, Papatschu!« Michi war aufgewacht und beugte sich samt seiner Kriegsbemalung über Papas schlafendes Gesicht. »Papatschu!«, Michi zog Papa leicht an der Nase.

Der schlug die Augen auf und blickte geradewegs in das mit Schminke verschmierte Michi-Gesicht: »Aahhh!« Papa kugelte sich zur Seite. »Hast du mich erschreckt!«

»Papatschu! Ilayana wurde von den Bleichgesichtern entführt!«

»Wie?« Papa schloss die Lider und seufzte. »Der Kindergeburtstag ist vorbei.«

»Ja, ja, aber die Geschichte geht weiter«, beharrte Michetou.

»Morgen! Morgen geht die Geschichte weiter. Jetzt wird geschlafen«, entschied Papa.

Da war offenbar nichts zu machen. Michi tapste zurück in sein Zimmer und schlief rasch wieder ein.

Tatsächlich: Das Bleichgesicht hatte Ilayana eingesperrt! Der dicke, schmuddelige Kerl hockte vor einer Holzhütte und bewachte sie. Seinen Hut hatte er tief ins Gesicht gezogen, Michi sah nur das stoppelige Kinn. Unter seinen abgeschabten Lederhosen kamen staubige Cowboystiefel zum Vorschein. Ein schwerer Pistolengürtel hing ihm lässig um die Hüfte.

Michetou und Samutschi hatten sich auf dem Bauch in nächste Nähe herangerobbt. Ilayanas erleichtertes Gesicht erschien hinter den Gitterstäben. Gerade wollte Michetou ihr ein Zeichen geben, da schob das Bleichgesicht seinen Hut in den Nacken und blickte die beiden Eindringlinge geradewegs an. Mit einem gewaltigen Brüllen zog er seine Pistole aus dem Hüftgürtel und ballerte in die Luft.

»Weg hier! Weg hier!«, schrie Michi und wachte auf. »Dieses Bleichgesicht!«, schimpfte er und ballte wütend eine Faust. »Na, warte!«

Michi sprang aus dem Bett und stürzte aus seinem Zimmer. Ihm entgegengeschlurft kam Papa, der Geräusche gehört hatte und nach dem Rechten sehen wollte. Mitten im Gang prallten die beiden aufeinander.

»Ups, du bist das!« Papa sah verschlafen und erstaunt zugleich aus.

»Michetou, Häuptling der Prachtlatschen!«, betonte Michi, der mit einem Mal hellwach war. »Papatschu, du musst mir helfen.« Michi zog Papa hinter sich her ins Kinderzimmer. »Dieses Bleichgesicht hat ein Feuereisen. Wir können Ilayana niemals retten.«

»Michi …« Papa stöhnte.

»Ich bin Michetou!« Michetou sprang mit Indianergeheul in sein Bett und hockte sich im Schneidersitz auf die Decke. »Wir brauchen einen Plan, Papatschu!«

»Wir brauchen Schlaf, junger Häuptling«, knurrte Papa und zog die Decke über Michi. »Wenn du deinen alten Vater heute Nacht noch einmal weckst, geht er freiwillig in die Ewigen Jagdgründe über!«

»Ewige Jagdgründe? Wo sind die?«

»Morgen, morgen erklär ich dir das.« Papa brummte mürrisch wie ein Bär im Winterschlaf, der zu früh geweckt wurde. Deshalb ließ Michi ihn fürs Erste lieber in Ruh.

Als Michi aufwachte, schien die Sonne bereits durchs Fenster. Sie hatten verschlafen!

Michi stand wie ein lebendiges Fragezeichen vor Papas Hochbett: »Musst du heute nicht arbeiten?«

Papa musste natürlich arbeiten und Michi ging in den Kindergarten. Der Tag verging, aber Michi dachte immer wieder darüber nach, wie er Ilayana aus den Klauen des Sheriffs befreien könnte. Hoffentlich wusste Papa Rat.

»Höre, junger Häuptling der Prachtlatschen!«, sagte Papa am Abend. »Papatschu zeigt dir einen Weg, wie du das Bleichgesicht besiegen kannst.« Papa hatte sich eine rote Krawatte als Stirnband umgebunden und am Hinterkopf eine Feder eingesteckt. Sein Oberkörper war nackt und auf den Oberarm hatte er sich mit roter Wasserfarbe einen gemusterten Armreif gemalt.

Michi saß stolz auf dem Bett. »Michetou hört den alten Vater.«

Für den Bruchteil einer Sekunde zuckte Papas rechte Augenbraue: »Auch wenn Papatschu schon viele Herbste kommen und gehen sah, ist er noch nicht alt. Papatschu steht in der Blüte des Lebens und kennt daher die Schwäche des weißen Mannes genau.«

Der junge Häuptling Michetou senkte den Kopf und blickte auf die beiden Gegenstände, die Papa mitgebracht hatte. »Was ist das?«

Mit einer langsamen, wohlüberlegten Geste zeigte Papa auf eine Flasche und ein Seil. Dann nahm er die Flasche in die Hand. Sie war aus bräunlichem Glas und mit zwei Etiketten beklebt, die mit altertümlichen Buchstaben beschriftet waren. Am Flaschenhals prangte ein rotes Lacksiegel.

Mit aufgerissenen Augen guckte Michi auf die schwappende, klare Flüssigkeit. »Da ist bestimmt Gift drin!«

Papa schmunzelte: »Du hast Recht, Michetou, mein schlauer Sohn. Das ist Feuerwasser, wie es die Bleichgesichter lieben, und das ist ein Lasso, mit dem man allerlei Rindvieh fangen kann. Ein Schluck Feuerwasser kann den Geist beflügeln, ein Schluck zu viel, und der Geist ist benebelt.«

Die beiden Indianer saßen sich noch eine ganze Weile gegenüber. Papatschu redete und redete. Mal hielt er das Lasso hoch, mal das Feuerwasser. Schließlich gähnte Michi und ließ sich einfach auf die Matratze plumpsen. Papa tat es ihm nach. Natürlich nur für einen kurzen Augenblick …

Kaum war Michi eingeschlafen, trugen ihn seine Träume wieder in die Weite der Prärie. Noch einmal wagten es Samutschu und Michetou, sich heranzuschleichen. Da saß es, das Bleichgesicht, und schnarchte. Leise stellte Michetou die Schnapsflasche vor den Bewacher, um sich dann lautlos neben Samutschu in Deckung zu bringen.

»Pass auf«, flüsterte Michetou und warf ein kleines Steinchen an das Holzhaus. Klack! Grunzend wachte das Bleichgesicht auf.

»Was haben wir denn da?« Der Schmuddelige schlurfte bis zur Flasche, betrachtete das Etikett und stieß einen langen Pfiff aus. »Verteufelt gutes Zeug!«

»Er hat angebissen!«, kicherte Michetou leise.

Gierig setzte das Bleichgesicht die Flasche an. Erst einen Schluck, dann noch einen und noch einen Schluck. Bräunliche Tropfen liefen ihm über das stoppelige Kinn.

»Das Feuerwasser wirkt!«, flüsterte Samutschu.

Wie wahr! Mit lautem Schnarchen schlief das Bleichgesicht auf seinem Stuhl wieder ein.

»Schnell, das Seil!« Michetou ließ das Lasso über seinen Kopf schwingen und zielte mit der Schlinge genau auf die übereinandergeschlagenen Füße des Bewachers. Flink ergriff Samutschu das Ende und zog es straff.

Michetou zückte sein Messer. »Jetzt brauchen wir nur noch den Schlüssel.« Der ragte vorwitzig aus Bleichgesichts Hosentasche heraus, war aber mit einem dicken Hanffaden an der Gürtelschlaufe festgebunden.

»Das haben wir gleich.« Mit einem Schnitt seines Taschenmessers hatte Michetou den Schlüssel in der Hand.

In Sekunden war er bei der Tür des Blockhauses und ließ Ilayana heraus. Erleichtert sprang sie Michetou entgegen – aber leider etwas zu laut.

»He! Was soll das?« Das Bleichgesicht kam wankend hoch.

Genau in diesem Moment zog Samutschu das Seil straff. Und noch ehe das Bleichgesicht den Colt ziehen konnte, fiel er mit einem lauten Rums auf die Nase. Wüst fluchend versuchte er, das Lasso zu lösen. Aber Samutschu ließ nicht locker.

Michetou stieß einen schrillen Pfiff aus. Ein glänzender Mustang galoppierte heran.

»*Schnelle Wolke!*«, rief Michetou, nahm Anlauf und sprang auf den Rücken des Pferdes. »Komm!« Er hielt Ilayana die Hand hin und zog sie hinter sich.

»Ich will auch mit!«, johlte Samutschu und sprang aus der Deckung in den Sattel.

»Peng, peng, peng!« Das Bleichgesicht feuerte mit seinem Schießeisen hinter ihnen her. Doch er hatte keine Chance. Schon sprengten die drei im Galopp davon.

»Was ist denn hier los?«, fragte Onkel Franz entgeistert. Er stand mitten im Kinderzimmer und blickte zuerst auf die Flasche Schnaps vor Michis Bett und dann auf Papa *in* Michis Bett. Der schlief tief und fest, sein Kopfschmuck war ihm bis auf die Nasenspitze gerutscht. Michi hingegen saß mit würdevollem Ausdruck und mit Indianerfeder im Haar am Fußende.

»Es ist kurz vor zehn!«, rief Onkel Franz und rüttelte Papa an der Schulter. »Wach auf, Frank, ich warte schon 'ne halbe Stunde auf dich! Emiliano hat mich reingelassen.«

Schlaftrunken blickte Papa um sich: »Zehn Uhr?« Entsetzt kam er hoch. »Die Baustelle!!«

Hastig wollte Papa aufstehen und in den Tag starten. Aber das Seil, dessen Ende Michi noch gestern Abend um den Bettpfosten gewickelt und um Papas Knöchel gelegt hatte, spannte sich … und »bums!«, lag Papa bäuchlings auf dem Boden.

Michetou kicherte, Papa stöhnte und Onkel Franz half dem alten Häuptling der Prachtlatschen, der schon viele Herbste gesehen hatte, grinsend auf.

Michi, Papa und der Pipitraum

Die großen Ferien vergingen wie im Flug. Der September kam und mit ihm der Spätsommer. Die Sonne knallte nicht mehr so heiß vom Himmel, sanft tauchte sie nun alles in ein warmes, gelbes Licht.

Und dann war es so weit: Michis erster Schultag stand vor der Tür. Michi und Papa gingen zum Friseur und hatten nun beide richtig kurze Haare. Auch neue Kleider bekam Michi. Das T-Shirt mit dem roten Ritter war nagelneu, genauso wie die Hosen, die Schuhe und natürlich der Schulranzen. Alles war neu, auch Michis Gefühl im Bauch. Er war jetzt ein Schuljunge! Michi fand, dass er auf einmal viel größer aussah.

Samstags war die Einschulungsfeier. Onkel Franz und Tante Greta kamen zum Casa Rosa. Wie gut, dass wenigstens Tante Greta nicht neu aussah! Sie war schick und schön wie immer. Auch Emiliano war der Alte. Nein, nicht ganz. Zur Feier des Tages hatte er sich ein blütenweißes Hemd angezogen und sich sogar einen Tropfen Duftwasser, wie er sein Parfüm nannte, hinter jedes Ohr getupft.

Tante Greta hielt Michi die Schultüte entgegen. Michi hatte sie im Kindergarten gebastelt und seine Tante hatte sie gefüllt.

»Da ist alles drin, was ein Schüler vor, während und nach dem Unterricht so braucht.« Lachend übergab Greta die Tüte.

Schwer lag sie in Michis Armen.

In einem feierlichen Zug liefen sie Richtung Schule, Michi voll Stolz vorneweg. Auf seinem Rücken prangte der neue Schulranzen. Er hatte sich den mit den bunten Planeten und Astronauten ausgesucht. Michis Herz klopfte bis zum Hals.

Die Erstklässler kamen mit ihren Eltern, Großeltern und Geschwistern in der Turnhalle zusammen. So viele Leute auf einem Fleck, dachte Michi, und sein Herz ging noch schneller. Da half es auch nicht, dass er von weitem Ilayda mit ihrer Familie sah. Ilayda winkte und Michi winkte zurück, mit der Hand, in der er den gelben Papier-Elefanten hielt.

Der war mit der Post gekommen. Die Schule hatte allen Kindern, die in dieselbe Klasse kommen sollten, den gleichen gelben Elefanten geschickt. Es gab auch Kinder mit blauen oder roten Elefanten. Die sollten in die beiden anderen ersten Klassen gehen. Zum Glück hatte auch Ilayda einen gelben Elefanten in der Hand.

Michi blickte sich um. Welche Kinder gingen noch in seine Klasse? Schade, dass Samu in meiner alten Stadt in die Schule kommt, dachte Michi und seufzte leise.

Als alle saßen, erhob sich eine blonde Frau, ging nach vorne und stellte sich auf eine kleine Holzbühne. In der Hand hielt sie einen Holzstab, an dem ein großer, gelber Papp-Elefant klebte. Das musste Michis Lehrerin sein. Petra Pansegrau! Es hatte in dem Schulbrief gestanden, den Papa vorgelesen hatte.

»Sie sieht aus wie die Nachrichtenfrau aus dem Fernsehen«, flüsterte Michi. Papa fand das auch.

Die Lehrerin schwenkte ihr Schild: »Alle Kinder mit dem gelben Elefanten kommen bitte zu mi-hi-ir!«

Michi sah Papa an. Der boxte ihn leicht an die Schulter: »Es geht los!« Tante Greta zwinkerte Michi aufmunternd zu. Emiliano tuschelte eifrig mit Onkel Franz, wer wohl alles die Ehre haben würde, mit Michi in eine Klasse zu kommen.

Michi kletterte über viele Beine hinweg, bis er im Gang zwischen den Stuhlreihen stand. Samt Schulranzen und Schultüte lief er nach vorne. Sein Herz klopfte jetzt so wild, als wolle es aus Michis Hals heraushüpfen.

Kaum waren Michi und die anderen bei Frau Pansegrau angelangt, verkündete sie: »Wir gehen jetzt alle zusammen in das Schulhaus rüber. Dort zeige ich euch euer Klassenzimmer.«

Aufgeregt drängten sich die Kinder um die Lehrerin und wie ein großer, summender Bienenschwarm zogen sie geschlossen zum Ausgang.

Mittendrin war Michi.

Die Kinder um ihn herum schoben Michi vorwärts. Einmal sah er kurz Ilaydas Schopf in der Menge. Dann war sie auch schon wieder im Gedränge verschwunden.

»Ihr könnt euch einen Platz aussuchen«, rief Frau Pansegrau, als sie endlich im Klassenzimmer angekommen waren.

Daraufhin brach erst einmal Unruhe aus. Alle liefen durcheinander, bis schließlich jeder an einem Tisch saß. Ilayda hatte sich neben ein Mädchen mit roten Zöpfen gesetzt. Michi setzte sich neben einen dunkelhaarigen Jungen. Es stellte sich heraus, dass er Louis hieß und noch niemanden kannte.

Langsam kehrte Ruhe ein. Die Lehrerin stand am Pult und sah die Kinder freundlich an. Erst jetzt merkte Michi, dass er dringend Pipi machen musste.

Das ging aber nicht. Denn nun rief Frau Pansegrau die Kinder mit Namen auf. »Wann hast du Geburtstag?«, fragte sie jedes Mädchen und jeden Jungen. Michi hatte am achten August Geburtstag. Die Lehrerin trug das Geburtstagsdatum in einen großen Wandkalender ein.

Wenn ich doch bloß nicht so sehr müsste ..., dachte Michi.

»Ihr dürft jetzt alle euer schönstes Ferienerlebnis malen«, sagte Frau Pansegrau.

Der Indianer-Geburtstag! Michi musste nicht lange überlegen. Aber ... das Übernachten bei Samu, der Fischfang mit Papa, das Wett-Eis-Essen mit Tante Greta, das alles war auch schön gewesen. Was sollte er malen? Unruhig rutschte Michi auf dem Stuhl hin und her.

Hoffentlich war die erste Schulstunde bald vorbei. Michi musste Pipi. Immer dringender. Wo waren die Klos? Durfte man einfach aufstehen und zur Toilette gehen?

Frau Pansegrau lief langsam durch das Klassenzimmer. Mal sah sie zum Fenster hinaus, mal schaute sie einem der Kinder über die Schulter. Zu fragen, wo die Toiletten waren, das traute sich Michi nicht. Unkonzentriert kritzelte er ein buntes Tipi auf sein Blatt.

In dem Moment, als Michi glaubte, er würde gleich in die Hose machen, kam die Erlösung: »Ihr könnt jetzt alle zu euren Eltern zurücklaufen. Wir sehen uns dann am Montag.« Die Lehrerin war zur Tür gegangen und gab jedem Kind zum Abschied die Hand.

Michi beeilte sich. Er rannte über den Schulhof, so gut es eben geht, wenn man eine volle Blase hat. Außer Atem kam er bei Papa an, ließ seinen Ranzen auf den Boden plumpsen und drückte Tante Greta die Schultüte in die Hand. »Ich muss ganz schnell Pipi!«, war alles, was er herausbrachte. Papa musste zwar lachen, beeilte sich aber, Michi die Toiletten zu zeigen.

Glück gehabt, dachte Michi, als er endlich auf der Klobrille saß. Es war gerade noch mal gut gegangen. Die Unterhose war nur ein klitzekleines bisschen nass. Das würde schnell wieder trocknen.

»Nach einer Woche kennst du bestimmt schon alle Kinder in deiner Klasse«, sagte Tante Greta später, als sie gemeinsam nach Hause gegangen waren und um den großen, runden Tisch im Garten saßen.

»Da haben wir jetzt ein Schulkind im Casa Rosa, sagt, ist das was?« Emiliano klopfte Michi auf die Schulter und schaute in die Runde.

»Das ist was!«, beschloss Onkel Franz. »Jetzt lernt Michi endlich rechnen, wenn es der Papa schon nicht kann.«

Michi freute sich auf die Schule. Es kamen der Montag, der Dienstag und der Mittwoch. Und dann kam Mittwochnacht.

»Papa, Papa, schnell. Papaaa!«, schrie Michi.

»Michi, ich komme ja …« Michis Gebrüll hatte so dringlich geklungen, dass Papa sich beeilte. »Tut dir was weh?«

»Ich hab in die Hose gemacht!« Aufgebracht saß Michi im Bett.

»Lass mal sehen.« Papa schlug Michis Decke zurück und zupfte an seiner Schlafanzughose. »Da ist doch gar nichts.«

»Doch. Ich hab in die Hose gemacht«, schimpfte Michi laut. »In der Schule!«

»In der Schule?«

Michi nickte. »Ich saß im Klassenzimmer auf meinem Platz und musste Pipi. Ganz arg. Und plötzlich konnte ich es nicht mehr halten. Dann war meine Hose nass, und da war eine Pfütze unter meinem Stuhl, und alle haben gelacht.«

»Michi, wenn du Pipi musst, dann sagst du das Frau Pansegrau.«

Michi nickte.

»Alles trocken. Nichts passiert. Aber vielleicht gehst du vorsichtshalber noch mal aufs Klo?«

Das tat Michi. Aber viel Pipi kam nicht.

»Papa, Papaaa!« Michi und Papa hatten nur ein nichtig kleines bisschen Schlaf abbekommen.

»Was ist denn jetzt schon wieder los?«, brummte Papa und rappelte sich hoch.

»Paapaaaaaa, schnell! Ich hab in die Hose gemacht!«

»Oh, nein«, seufzte Papa und kletterte von seinem Bett. Bei Michi angekommen, tröstete er: »Das ist doch nicht so schlimm.«

Das Licht ging an. Michi saß aufrecht im Bett, die Haare verschwitzt und verstrubbelt. »Doch, das ist schlimm! Alle haben gelacht und Frau Pansegrau hat mich böse angeguckt.«

»Frau Pansegrau?« Papa hatte Michis Bettzeug zur Seite geschoben. Das Bett war trocken, der Schlafanzug war trocken. »Michi, da ist nichts. Was ist denn überhaupt passiert?«

Es half ja doch nichts. Es war aussichtslos, dass Papa die restliche Nacht ruhig in seinem Bett schlafen könnte. Er rollte Michi zur Seite und legte sich neben ihn.

»Ich war in der Schule und musste dringend Pipi«, plapperte Michi drauflos.

»Schon wieder? Ja und? Da hast du sicher deinen Finger hochgestreckt und Frau Pansegrau gefragt, ob du mal rauskannst?« Papa sah Michi fragend an.

»Nein. Ich wollte mich ja melden. Aber …« Michi machte eine Pause. »Ich hab mich einfach nicht getraut.« Traurig ließ Michi den Kopf hängen: »Alle haben gelacht.«

»Und Frau Pansegrau? Was hat die gesagt?«

»Die war sauer. Und dann hat sie gefragt: ›Wer bitte soll das jetzt wegputzen?!‹«

»Ach, du wilder Träumer. So was würde Frau Pansegrau nie sagen.« Papa nahm Michi fest in die Arme. »Und nun wird geschlafen, morgen ist Schule.«

»Ich will nie mehr in die Schule«, heulte Michi jetzt.

»Na, klar willst du zur Schule. Und ich komme mit. Ich wollte schon längst mal wieder ein Schüler sein. Gleich morgen schauen wir bei Tante Greta im Keller, ob wir meinen alten Ranzen finden.« Papa schmunzelte. »Sie hat doch den alten Krempel von Oma aufgehoben. Da waren auch meine Schulsachen dabei.«

Fürs Erste beruhigt, kuschelte sich Michi an Papa und war bald wieder eingeschlafen. In dieser Nacht gab es keine Pfütze mehr.

In Tante Gretas Keller gab es alles. Zwei große Schränke voll alter Kleider, sogar Uromas Hochzeitskleid war dabei! Bilder, Vasen, vergilbte Kinderbücher, altmodisches Blechspielzeug, verschrumpelte Tulpenzwiebeln, Blumentöpfe, Werkzeug und vieles mehr.

Tante Greta zuckte mit den Schultern: »Ich kann einfach nichts wegwerfen!«

»Wie gut, dass du auch für meinen alten Plunder ein Herz hast.« Grinsend zog Papa aus einer der Schubladen einen zitronengelben Ranzen. An manchen Stellen war die Farbe abgeplatzt und es kam braune Pappe zum Vorschein.

»Das war dein Schulranzen?«, fragte Michi. »Der sieht aber langweilig aus!«

»Vor über dreißig Jahren gab es halt noch keine bunten Superranzen.« Papa hatte sich seine alte Schultasche über die rechte Schulter gehängt. »Ich fand ihn toll.«

»Ich finde ihn doof.«

»Du wirst schon sehen, wie gut ich mit meinem gelben Ranzen in die erste Klasse gehen kann«, sagte Papa und warf Michi einen verschmitzten Blick zu.

Am Abend stellte Papa seine abgeschubberte Schultasche neben Michis coolen Ranzen mit den Astronauten. »Ich schlaf heute bei dir. Schließlich wollen wir ja zusammen in die Schule gehen.«

»Oh ja!« Mit Papa an der Seite hatte Michi große Lust auf Schule.

Auch in dieser Nacht träumte Michi. Er saß auf seinem Platz in der zweiten Reihe des Klassenzimmers. Frau Pansegrau schrieb gerade ein riesengroßes, schwungvolles A an die Tafel. Die anderen Kinder ringsherum waren über ihre Hefte gebeugt. Hin und wieder raschelte es oder zwei Kinder tuschelten miteinander. Plötzlich zupfte der Junge neben ihm Michi am Ärmel. »Hallo, Michi!«

Aber was war das? Das war nicht Louis, der bis gestern noch sein Banknachbar gewesen war. Das war ein neuer Junge! Und komisch sah der aus, fast wie ein Mädchen! Seine blonden Haare reichten ihm beinahe bis zur Schulter. Dazu trug er einen seltsamen, orangefarbenen Pullover. Der sieht aus wie aus Waschlappen-Stoff, dachte Michi. Dann fragte er: »Wer bist du denn?«

»Erkennst du mich nicht? Ich bin's, Papa!«

»Papa?« Michi musste kichern. »Du siehst ja lustig aus.« Neben dem Jungen stand tatsächlich der gelbe Schulranzen. »Du hast ja karierte Hosen an!«

»Oma will, dass ich die anziehe. Obwohl die so jucken!« Der kleine Papa kratzte sich am Knie.

»Und rote Schuhe! Du bist doch ein Junge«, flüsterte Michi.

»Hab keine anderen«, flüsterte Papa zurück und zuckte mit den Schultern. Ein bisschen peinlich waren Papa die roten Schuhe aber schon, das konnte Michi sehen.

Frau Pansegrau hatte ihnen bisher den Rücken zugewandt,

nun drehte sie sich um: »Michi, Frank, pssst!« Sie legte den Zeigefinger auf ihre Lippen und guckte streng.

Michi war bester Laune. Ein kleiner Papa saß neben ihm! Plötzlich fing der kleine Papa an, unruhig auf dem Stuhl hin und her zu rutschen: »Ich muss mal.«

»Los, melde dich!« Michi boxte dem kleinen Papa freundschaftlich in die Seite.

»Die sieht mich doch gar nicht ...« Der kleine Papa schaute unschlüssig zur Lehrerin. »Ich trau mich nicht«, gab er zu.

»Los«, drängelte Michi, »du willst doch nicht in die Hose machen!«

»Ich kann nicht.« Mehr brachte der kleine Papa nicht heraus. Schon stiegen ihm Tränen in die Augen.

»Wir dürfen keine Zeit verlieren«, flüsterte Michi. Sein rechter Finger flog in die Höhe. Aber Frau Pansegrau drehte sich nicht um. Der kleine Papa drückte beide Augen zu. Gleich würde es in seiner Hose nass werden.

»Frau Pansegrau, Frau Pansegrau!«

»Ja, Michi, was gibt es?« Die Lehrerin wandte sich um und sah Michi freundlich an.

»Ich muss ganz dringend auf Toilette«, gab Michi vor.

»Klar, geh schnell«, war alles, was Frau Pansegrau sagte, dann malte sie ein schön geschwungenes B an die Tafel.

»Frau Pansegrau«, Michi war aufgestanden.

»Was ist denn noch, Michi?«

»Ich will nicht alleine auf Toilette gehen.«

»Warum denn nicht?« Die Lehrerin sah verwundert aus.

»Wenn wir Schulstunde haben, ist es draußen auf dem Gang

unheimlich. Überall ist es still und die Schritte hallen so.« Michi stand abwartend vor der Klasse.

»Du kannst dir einen Freund mitnehmen«, sagte Frau Pansegrau und widmete sich wieder der Tafel.

»Frank!«, bestimmte Michi.

Dankbar sprang der kleine Papa auf und schon war er mit Michi aus dem Klassenzimmer. Kaum hatten sie die Tür ganz leise hinter sich geschlossen, stürmten sie zur Toilette.

Keine Minute zu früh. Der kleine Papa machte Pipi. Es war ein richtiger Sturzbach und wollte gar nicht mehr aufhören zu fließen. Michi wartete vor der Tür. Als der kleine Papa fertig war, strahlte er übers ganze Gesicht. »Das ging total einfach.«

»Ja, unsere Lehrerin ist sehr nett«, nickte Michi. Und wie er so vor dem kleinen Papa stand, bemerkte er: »Du bist ja viel kleiner als ich!«

»Na und? Ich wachse noch! Wart nur ab.«

Dann schlenderten beide zurück ins Klassenzimmer. Frau Pansegrau lächelte Michi und den kleinen Papa an: »Übrigens, das gilt für alle! Wer während der Stunde pullern muss, kann sich einen Freund oder eine Freundin mitnehmen.« Die Lehrerin ließ ihren Blick durch die Klasse schweifen. »Alles klar?«

»Alles klar!«, nickte Michi, schlug sein Heft auf und malte das große B ab.

»Papa, aufwachen!« Michi rüttelte sanft an Papas Schulter.

»Wie, was, wo?« Papa öffnete die Augen und blickte mitten in Michis Strahlegesicht.

»Alles gut, keine Pfütze unterm Stuhl! Nicht mal bei dir!« Michi hüpfte aus dem Bett.

Papa verstand nur Bahnhof. »Bei mir? Pfütze?« Er stöhnte.

»Bist du krank, Papa?«

»Nein, aber ich hab schlecht geträumt.«

»Was denn?«, fragte Michi.

»Ich war wieder in der Schule und saß vor einer Matheaufgabe. Ich hab überhaupt nichts kapiert, ein Alptraum.«

»Ach, Papa, Mathe ist doch ganz einfach! Zwei plus zwei ist vier, vier plus fünf ist neun.« Michi hatte gerechnet wie der Blitz. »Das ist babyleicht. Aber jetzt müssen wir frühstücken. Ich muss doch in die Schule.«

»Wenigstens einer in der Familie, der Spaß am Rechnen hat«, murmelte Papa und ließ sich von Michi in die Küche ziehen.

Von diesem Morgen an ging Michi gerne zur Schule. Jeden Tag! Na ja, fast. Sonst wäre es gelogen. Michi mochte seine Lehrerin so gerne, dass er sie am liebsten einmal geküsst hätte.

Aber das traute er sich dann doch nicht.

PAPPA
Wir brauchen MILCH
DEin Michi

Ingo Siegner
Eliot und Isabella und die Abenteuer am Fluss

Mit farbigen Bildern von Ingo Siegner
Großformat, 128 Seiten (ab 5), Gulliver TB 74121

Eliot, der kleine Rattenjunge, wird von einer Hochwasserwelle weit hinaus aufs Land gespült. Zum Glück trifft er das Rattenmädchen Isabella! Auf ihrem langen Weg zurück in die Stadt erleben die beiden ein Abenteuer nach dem anderen …

Ingo Siegner
Eliot und Isabella und die Jagd nach dem Funkelstein

Mit farbigen Bildern von Ingo Siegner
Großformat, 128 Seiten (ab 5), Gulliver TB 74192

Der Rattenjunge Eliot und seine mutige Freundin Isabella stolpern mal wieder von einem Rattenabenteuer ins nächste, um nicht in die Fänge von Bocky Bockwurst zu geraten.
Mit von der Partie ist diesmal auch die Kanalratte Müffelmanni, die für jeden Quatsch zu haben ist …

www.gulliver-welten.de
Beltz & Gelberg, Postfach 10 01 54, 69441 Weinheim

Ein echter Vorlesespaß vom Erfinder des »Drachen Kokosnuss«. Rattenmäßig komisch!

Ingo Siegner

Eliot und Isabella und das Geheimnis des Leuchtturms

Mit farbigen Bildern von Ingo Siegner
Pappband, 128 Seiten (ab 5), 79982

Statt geruhsamer Ferientage erwarten die beiden Rattenfreunde Eliot und Isabella auf der Ratteninsel Ratzekoog wilde Abenteuer. Wie sie mithilfe von Pinguin Rakete und Fiete Flunder Bocky Bockwurst & Bande in die Flucht schlagen, das ist ein großes Vorlesevergnügen! Hand aufs Herz, Pfote in die Höhe, dreimal gespuckt und heilig geschworen!

www.beltz.de
Beltz & Gelberg, Postfach 10 01 54, 69441 Weinheim